미래에서 만나요!
채사장

2023. 7.

채사장의 지대넓얕

07 보수 VS 진보

글 채사장

책읽기를 좋아하는 평범한 사람이었던 채사장 작가님은 사람들과 지식을 나누는 대화를 하는 게 가장 재미있었어요. 이런 재미와 기쁨을 전하기 위해 2014년에 쓴 책 《지적 대화를 위한 넓고 얕은 지식》이 밀리언셀러에 오르며 인문학 도서 신기록을 달성했어요. 이후에도 다양한 책을 써서 독자들과 소통하고 있고, 강연을 통해 많은 사람들과 지식의 즐거움을 나누고 있습니다.

글 마케마케

오랫동안 그림책 작가와 어린이 책 편집자로 일하며 재미있는 이야기의 힘을 믿어 왔어요. 채사장님의 《지적 대화를 위한 넓고 얕은 지식》을 독자로 접하고 인문학이 삶을 바꿀 수 있다는 것을 실감하고는 어린이들에게 쉽게 전달하기 위해 알파의 이야기를 만들었어요. 매일 알파, 마스터와 함께 즐거운 지식 여행을 떠나고 있답니다.

그림 정용환

홍익대학교 산업디자인학과를 졸업하고 다양한 책과 매체에 일러스트 작업을 하였어요. 〈복제인간 윤봉구〉 시리즈, 《로봇 일레븐》, 《유튜브 스타 금은동》 등 다양한 어린이 책의 그림을 그렸으며 《슈퍼독 개꾸쟁》을 쓰고 그려서 제1회 '이 동화가 재미있다' 대상을 받기도 했지요. 평소 팟캐스트 〈지대넓얕〉의 팬으로, 어린이들이 교양을 익히고 더 나은 삶을 꿈꿀 수 있도록 이 이야기에 아름다운 그림과 색채를 입혀 주었답니다.

채사장의 지대넓얕 7
(지적 대화를 위한 넓고 얕은 지식)

초판 1쇄 발행 2023년 7월 31일
초판 5쇄 발행 2025년 5월 30일

지은이 채사장, 마케마케
그린이 정용환
펴낸이 권미경
마케팅 심지훈, 강소연, 김재이
디자인 양X호랭 DESIGN

펴낸곳 ㈜돌핀북
등록 2021년 8월 30일 제2021-000179호
주소 서울시 마포구 토정로 47, 701
전화 02-322-7187 팩스 02-337-8187
메일 sky@dolphinbook.co.kr

ⓒ채사장, 마케마케, 정용환, 2023
ISBN 979-11-975784-7-2 74900
　　　979-11-975784-0-3 (세트)

이 책을 무단 복사·전재하는 것은 저작권법에 위반됩니다.
잘못 만들어진 책은 구입하신 서점에서 교환해드립니다.

채사장의 지대넓얕

지적 대화를 위한 넓고 얕은 지식

07
보수 vs 진보

글 채사장, 마케마케
그림 정용환

저자의 말

복잡한 세계를 이해하는 눈

안녕하세요? 채사장입니다.

저는 대중들에게 인문학 강의를 하며, 책을 쓰고 있어요.

제가 난생 처음 쓴 책이 《지적 대화를 위한 넓고 얕은 지식》입니다. 바로 지금 여러분이 읽고 있는 이 책의 성인판, 여러분의 부모님도 선생님도 읽었을 책이지요. 첫 책인데도 아주 많은 사람들에게 큰 사랑을 받았습니다.

그런데 이 책은 사실, 어른이 되기 전에 읽어야 하는 내용이에요. 조금이라도 더 어릴 때 알면 좋은 내용! 그래서 어른이 아니어도 잘 읽을 수 있도록 이렇게 쉽고 재미있는 책으로 만들었습니다.

왜 저는 《지적 대화를 위한 넓고 얕은 지식》과 같은 인문학 책을 썼을까요? 대답을 위해 저의 어린 시절로 거슬러 올라가 보겠습니다. 저는 책을 읽지 않는 어린이였어요. 학교에서는 맨 뒤에 앉아 엎드려 잠만 자는 아이였지요. 세상과 사람에 대해서 통 관심이 없었어요. 그렇게 어영부영 고등학생이 된 어느 날, 너무 심심한 나머지 처음으로 책 한 권을 읽었습니다. 그 책은 소설 《죄와 벌》이었는데, 책을 읽고 저는 충격을 받았어요. 제 주변의 세계가 확 다르게 보였죠. 그때부터 저는 닥치는 대로 책을 읽기 시작했어요. 세계가 너무도 신기했고, 인간이 참으로 신비했죠.

하지만 성인이 될수록 세계를 더 잘 이해하기는커녕 도무지 이해할 수 없었어요. 왜 어떤 사람은 부자이고 어떤 사람은 가난할까? 왜 어떤 인간들은 약한 자들 위에 올라서고, 전쟁을 일으키는 걸까? 궁금했어요.

역사를 잘 살펴보니 그 답이 있었습니다. 오늘날 왜 경제에 의해서 세계가 좌지우지되는지 원인과 흐름을 이해할 수 있었죠. 인문학은 이렇게 세계를 보는 눈을 뜨게 해 줍니다.

여러분은 지금 지적 대화를 위한 교양 여행을 하고 있어요. 교양은 넓고 얕은 지식이지요. 한 분야의 전문가가 되려면 좁고 깊은 지식이 필요해요. 여러분이 어른이 되어 직업을 갖게 된다면 그 분야의 독자적인 지식을 갖게 되겠지요. 전문 지식은 사는 데 꼭 필요하지만 타인을 만나고 그들과 이야기를 나누기 위해서는 서로 기본적인 공통분모, 즉 교양이 필요하답니다. 바로 역사, 경제, 정치, 사회, 윤리에 대한 기본 이해예요. 그리고 우리의 지식 여행은 '역사'와 '경제'를 지나 '정치'로 향하고 있어요.

정치 편에서는 수많은 개인을 단순하게 두 부류로 나누는 방식을 배울 거예요. 기준은 '보수'와 '진보'입니다. 보수와 진보의 구분은 편협하게 이분법적으로 세상을 가르는 게 아니에요. 개인이 세상을 보는 방식이며, 세계관의 표현이에요. 책을 다 읽으면 어느덧 여러분에게도 내가 사는 세계를 바라보는 지혜로운 눈이 생길 거예요. 지금 시대엔 지혜로운 사람이 주인공입니다.

자, 그럼 저와 함께 인문학의 세계로 여행을 떠나 볼까요?

2023년 여름에, 채사장

차례

프롤로그 오래된 친구 · 11

① 누구의 잘못인가
보수 진보 구분하기 1 ········ 21

- 채사장의 핵심 노트 당신은 보수인가 진보인가 ········ 46
- 마스터의 보고서 국가 부도의 날 ········ 47
- Break time 가상 세계를 탈출하라 ········ 48

② 숙제하는 날
보수 진보 구분하기 2 ········ 49

- 채사장의 핵심 노트 현실에서 보수와 진보는 어떻게 나타나는가 ········ 70
- 마스터의 보고서 정당의 색깔 이야기 ········ 71
- Break time 누가 보수, 누가 진보일까? ········ 72

③ 본격 토론 카페
보수VS진보 실전 사례 ········ 73

- 채사장의 핵심 노트 보수와 진보를 실제 현실에 적용해 보자 ········ 94
- 마스터의 보고서 하나의 사안, 두 가지 입장 ········ 95
- Break time 네 생각은 어때? ········ 96

보수와 진보의 비유
④ 한판 승부, 보수 대 진보! 97
- 채사장의 핵심 노트 당신은 누구를 응원하겠는가 122
- 마스터의 보고서 보수와 진보의 선택 123
- Break time 내가 정치인이 된다면? 124

민주주의의 한계
⑤ 오메가 시장의 탄생 125
- 채사장의 핵심 노트 민주주의는 어떻게 독재를 탄생시키는가 150
- 마스터의 보고서 경제체제와 정치체제의 만남 151
- Break time 가로세로 낱말풀이 152

(에필로그) 나와 함께 공부하지 않을래? · 153

최종 정리 158

등장인물

오메가

아주 오래전, 오메가의 조상은 원시 공산사회에서 최초로 생산수단을 발견했다. 우연히 찾은 돌조각으로 다른 사람들보다 많은 생산물을 갖게 되니 자연스럽게 권력을 갖게 되었다. 힘없고 약했던 그는 다른 사람을 부리며 대대손손 권세를 누린다. 오메가의 자손들은 고대에는 스스로를 신과 동일시했고, 중세에는 신의 대리자임을 자처했다. 그러나 인류가 이성에 눈을 뜨고 산업화가 시작되면서 오메가들의 시대는 막을 내린다. 절대 권력이 사라진 현대 사회에 초라하게 남은 오메가의 후손들은 다시 예전처럼 힘을 갖기 위해 권력의 세계에 발을 들여놓는다. 하지만 지금 이 시대를 살고 있는 젊은 오메가는 무엇이 보수이고, 무엇이 진보인지조차 알기 어렵다.

채

이제 상위 신이 된 알파의 도움으로 지식카페를 되찾았다. 처음 카페를 열었던 그때 그 마음으로 손님들에게 지식을 제공하고 대화와 토론을 나누는 자리를 마련하려고 노력한다. 이런 그에게 찾아온 새로운 손님은 정치인을 꿈꾸는 오메가다. 채는 그에게 보수와 진보의 차이를 알려 주지만 너무 빠르게 배우는 오메가가 오히려 걱정된다.

알파

인류의 긴 역사를 몸소 살아온 쪼렙신. 경제와 역사, 성장과 분배의 비밀을 알게 된 후 미뤄 뒀던 보고서를 올리고 드디어 상위 신으로 승격했다. 쪼렙신일 때 비해 조금 더 많은 능력이 생겼지만 승격되자마자 그 능력을 한방에 다 써 버린다.

마스터

알파와 꼭 붙어 다니는 작은 쥐의 정체는 사실 알파보다 뛰어난 능력을 가진 상위 신이었다. 오랜 방황과 고생 끝에 드디어 승격한 알파가 대견하긴 하지만, 안심하긴 이르다. 상위 신이 되었어도 엉뚱한 행동을 하고 다니는 건 예전과 똑같으니까.

카페 손님들

진보의 입장과 보수의 입장으로 나뉘어 현실 세계에서 일어나고 있는 여러 문제를 두고 격렬한 토론을 한다.

이 책을 읽는 방법

이 책은 어른들을 위해 처음 만든 《지적 대화를 위한 넓고 얕은 지식》을 어린이들도 볼 수 있게 만든 책이에요. 많은 지식들을 하나의 흐름으로 정리해 주는 책이죠. 여러분만의 특별한 독서법을 통해 이야기 속에 숨어 있는 지식과 그 지식을 꿰뚫는 통찰을 발견하면 좋겠어요.

Step 1 이야기에 집중하기

처음 읽을 땐 일단 순서대로 이야기를 따라가는 데 집중해 보세요. 이야기 속 주인공은 아주 특별한 인물이지만 우리 주변에서 생활하는 많은 사람들의 삶을 보여 주는 인물이기도 해요. 주인공의 생각과 심리를 잘 살펴보고 "왜 그랬을까?", "이럴 때 어떤 마음이 들었을까?" 같은 질문을 던져도 좋아요. 어려운 단어나 모르는 내용이 나오면 멈춰서 찾아봐도 되지만 일단은 계속 독서를 진행해도 괜찮답니다.

Step 2 핵심 단어와 흐름 찾기

총 5화에서 펼쳐지는 이야기들은 세계를 이분화하는 '진보'와 '보수'의 개념을 알려 주기 위한 것이에요. 각각의 에피소드가 말해 주는 상황은 무엇을 뜻하는지 생각해 보세요. 이 시리즈의 1~6권에서는 인류의 역사와 다양한 경제체제를 하나의 핵심으로 정리했어요. 앞서 배운 경제체제와 지금 공부하는 정치는 어떤 관계가 있을까요? 이 내용을 기억하며 읽어 보도록 해요.

Step 3 지적 대화 나누기

"이 인물은 왜 이와 같은 생각을 했을까?"
"인물들이 어려움에 처하게 된 진짜 원인은 무엇일까?"
"현실 세계에서 비슷한 일을 겪는 사람은 없을까?"
"나라면 어떤 판단을 했을까?"
책을 읽다 보면 여러 가지 의문점이 생길 거예요. 그리고 여러 번 꼼꼼하게 읽거나 다른 자료를 찾아보면 어느 정도 의문점이 해소될 수도 있을 거고요. 이렇게 내가 궁금했던 것, 발견한 내용에 대해 친구들이나 부모님과 이야기해 보세요. 토론을 통해 책을 읽은 것보다 더 큰 기쁨과 지혜를 만날 수 있을 거예요. 책의 마지막 장을 덮은 후에도 우리의 이야기는 계속 이어질 테니까요.

오래된 친구

하지만 알파가 진짜로 만들고 싶었던 건 행성이 아니었어. 알파는 며칠째 꼼짝 않고 앉아 있던 책상에서 벗어나 밖으로 달려 나갔지.

다급하게 집을 나온 알파와 마스터는 예전부터 봐두었던 어느 한적한 골목으로 들어갔어. 허름한 건물 주변 쓰레기들이 마구잡이로 버려져 있는 곳이지. 하지만 여기는 곧 새로운 모습으로 바뀔 거야. 은은한 커피 향과 지식을 탐구하려는 사람들로 가득한 지식카페로 말이야!

임무를 완수한 알파는 콧노래를 부르며 골목을 빠져나갔어.

'자, 이제 어떤 방법으로 이 가엾은 인간들을 도우면 좋을까?'

한껏 여유로워진 알파는 가벼운 발걸음으로 주변 공원을 산책했어. 안타깝게도 마주치는 사람들은 신의 도움 같은 건 그다지 필요해 보이지 않았어. 지금 이 상태만으로도 꽤 괜찮거나, 혹은 접근하기 어려울 정도로 바빠 보였거든. 딱 한 사람만 빼고.

"무슨 고민 있어요? 한숨을 푹푹 쉬시네."

남자에게 다가가 얼굴을 확인한 알파는 깜짝 놀랄 수밖에 없었어.

'앗, 이 사람은……?'

수천 년의 세월이 흘렀지만 결코 잊을 수 없는 그 얼굴, 바로 오메가였으니까! 오메가……. 아주 오래전, 원시 시대에 처음 만났던 알파의 친구. 함께 농사짓고, 함께 사냥하며 모든 것을 같이 나누었지. 당시의 오메가는 늘 알파의 도움을 받기 일쑤였지만 작은 돌조각 하나를 발견하면서 상황은 빠르게 바뀌었어. 남들보다 더 많이 농작물을 수확한 오메가는 빠르게 재산을 불려 나갔고, 다른 이들을 지배하는 힘까지 손에 넣었으니까.

시대가 흐르며 오메가의 자손들은 계속 권력을 손에 쥐고, 왕위를 차지했어. 스스로가 신이 되어 더 강하게 지배할 수 있었지. 중세 유럽, 기독교가 유럽 사회의 유일한 종교가 되자 오메가들은 신으로부터 왕권을 위임 받았다고 선언했고, 천년이 넘는 긴 시간 동안 그들의 권세는 꺾일 줄 몰랐지. 그러나 그 질서를 뒤집고 싶었던 알파는 신을 대신할 만한 것을 찾아냈어. 바로 과학과 이성이었어!

비로소 열린 평등의 시대, 왕은 가장 먼저 희생양이 되었지. 혁명의 날, 무거운 단두대 칼날과 함께 그 숱한 권력의 날들도 끝이 난 거야. 그런데 그 오메가가 지금 알파의 눈앞에 나타나다니, 조금은 초라한 모습으로 말이야.

"아, 이런 제가 처음 보는 분 앞에서 말이 좀 많았습니다. 어쨌든 속 얘기를 털어놓으니 후련하긴 하네요……."

오메가는 쓸쓸하게 웃으며 자리에서 일어났어. 한껏 굽힌 그의 작은 등을 보니 알파의 머릿속에 여러 가지 생각이 스쳐 지났지. 한때는 미치도록 짓밟고 싶었고, 결국 내 손으로 죽음의 소용돌이로 밀어 넣었으며, 가끔씩 권력이 필요한 순간마다 떠올렸던 존재, 오메가! 그랬던 그가 왕권도, 신권도 더 이상 남아 있지 않은 현대 사회에 이렇게 살고 있다는 것이 놀랍기도 하고 한편으론 짠하기도 한 거야. 이제 상위 신이 되었으니 자비를 좀 베풀어도 되지 않을까?

"저기요, 잠깐만!"

알파는 멀어져가는 오메가를 다급히 불러 세웠어.

보수 진보 구분하기 1

누구의 잘못인가

채는 천천히 새로운 지식카페의 내부를 둘러보았다. 딸칵 조명을 켜 보기도 하고, 주방의 가전도 작동시켜 보고, 테이블 위를 손으로 쓸어보기도 했다. 모든 것이 예전 모습 그대로였다. 이 정도면 내일 당장이라도 영업을 시작할 수 있을 것 같았다.

몇 가지 비품을 추가로 주문하고, 다시 음료 만드는 연습을 하고, 관리에 필요한 일들도 해야겠다. 다시 이곳에 손님이 들어오고 대화를 나누며 삶에 필요한 지식들을 공유할 상상을 하니 가슴이 벅차올랐다. 채는 가만히 속삭였다.

'알파, 고마워요.'

이 카페가 알파의 선물이라는 것을 채는 확실하게 느낄 수 있었다. 하지만 막상 그는 어디에 있을까? 상위 신 승격 시험은 통과했을까? 당장 알파를 만나고 싶었지만 방법이 없었다.

언젠가 알파로부터 그 이름을 들은 적이 있었다. 원시 시대부터 근대에 이르기까지 모든 것을 누린 지배 계급이 아니었던가. 그러나 카페 안으로 들어온 소심한 사나이에게 과거의 권세와 영화는 찾아보기 어려웠다. 오메가는 잔뜩 주눅이 든 표정으로 두리번거렸다.

오메가는 자리에 앉자마자 두서없이 이야기를 시작하였다.

"저, 저는……, 어려서부터 무언가 선택하는 게 어려웠습니다. 항상 적당히 중간을 택하곤 했지요. 그래요! 싸우는 건 딱 질색이에요. 뭔가를 고르면 반대쪽과 싸워야 하잖아요. 어떨 때는 모험과 변화를 선택해야 했고, 또 어떤 순간에는 안정과 질서를 선택해야 했어요. 좀 이랬다저랬다 해도 되는 거 아닌가요?"

이 복잡한 문제를 어디서부터 어떻게 풀어낼 수 있을까? 채는 최대한 쉬운 말로 설명해 주려고 노력했다.

"오메가 씨는 이 세상이 안정적이라고 생각하세요? 그렇다면 지금의 경제체제인 신자유주의가 최선이라고 느낄 거예요. 반대로 이 세상이 불안정하다고 생각되면 신자유주의가 옳지 않다고 느끼겠지요. 전자가 보수, 후자가 진보……."

열심히 설명하던 채는 슬쩍 오메가의 반응을 살폈다. 연신 히죽 웃으면서 건성으로 고개를 끄덕이는 게 아닌가.

누구보다 열정적으로 지식을 탐구했고, 세계의 흐름에 대해 알기를 원했던 두 사람이었다. 하지만 새롭게 만들어진 카페 안에서 다시 그때와 같은 지식 체험이 가능할까? 만약 성공하게 된다면 내 눈 앞의 사내는 어떤 지식을 얻게 될까? 그리고 이로 인해 그의 삶은 어떻게 달라질까?

오메가는 어느 다세대 주택 앞에 서 있었다. 좁은 골목 안에 수많은 인파와 경찰이 득시글거렸다. 구급차 사이렌 소리에 정신이 하나도 없는 오후였다.

"비켜요, 비켜!"

저벅저벅 발소리가 들리더니 들것을 멘 구급대원들이 구경하는 인파 속을 빠져나왔다.

오메가는 뭐라도 보기 위해 주민들 사이로 고개를 빼고 두리번거렸다. 언뜻 들것 위에 흰 천이 정갈하게 덮여 있는 것을 보자 오메가의 심장이 덜컥 내려앉았다.

이 집에서 누군가가 죽기라도 한 것일까? 오메가는 옆에 서 있는 한 나이 든 여성에게 넌지시 물어보았다.

"대체 무, 무슨 일이죠?"

오메가는 이제 상황 파악이 조금 되는 것 같았다. 한국이 경제 위기를 겪고 있던 1990년대 말, 그는 어느 모녀가 생활고에 시달리다 동반자살을 한 사건 현장에 와 있었던 것이다.

금융위기 시절이니 모두가 힘든 때였다. 모녀는 최근 신용카드를 발급받아 사용했는데 눈덩이처럼 불어나는 카드빚을 갚을 여력이 없었다. 빚에 시달리던 모녀는 결국 극단적인 선택을 하고 말았다. 그런데 카드 사용 내역에는 생필품처럼 생존에 꼭 필요한 소비도 있었지만, 기호품이나 사치품도 포함된 모양이었다. 사람들은 이 일에 대해서 계속 수군거렸다. 의견은 크게 두 가지로 나뉘는 것 같았다.

저마다 주장하는 사람들의 소리가 웅웅거리는 것처럼 느껴져 오메가는 조심스레 그 현장을 빠져나왔다. 내가 왜 여기 있는지, 왜 이런 사건을 보게 되었는지, 조용한 곳에 가서 차분히 생각을 좀 정리하고 싶었다.

마실 것이라도 좀 사 먹어야겠다는 생각에 큰길가로 나간 오메가가 상점을 찾아 두리번거리는데 누군가 그의 팔을 확 잡아 당기는 게 아닌가.

"뭐, 뭐요?"

"어머 고객님, 안녕하세요?"

소득이 없어도 신용카드를 만들 수 있다니. 카드를 사용하고 나서 따라오는 빚은 어떻게 갚으라는 이야기일까? 오메가는 조금 황당했지만 예전 기억을 떠올려 보니 이 모든 일들은 실제로 일어난 일들이었다.

　1997년, 대한민국은 외환위기를 맞이했다. 당시 기업들은 과도하게 빚을 내어 방만한 경영을 했고, 부실한 은행들은 제대로 관리가 되지 않았다. 빌려줄 돈을 돌려받지 못할 것을 우려한 외국 자본들이 빠져나가자 정부가 보유하고 있던 외환이 턱없이 부족해졌고, 기업들은 줄줄이 도산했다. 결국 정부는 국제금융기구 IMF에 구제금융을 신청했다. IMF는 긴급하게 돈을 빌려주는 대신 강력한 구조조정을 요구했다.

실업자가 많아지자 경기는 더욱 침체되었다. 1920년대 경제 대공황을 겪었던 미국 정부는 대규모 공공사업으로 일자리를 창출했지만 구조조정 압박을 받는 한국 정부는 그럴 수 없었다. 국민들이 소비를 많이 해야 경제가 살아나는데 모두 일자리를 잃은 상황이니, 돈을 쓸 사람이 없었던 것이다. 고민 끝에 정부는 신용카드 발급에 대한 규제를 완화하기로 결정했다. 소득이 낮거나 신용 조건이 좋지 않은 사람도 쉽게 카드를 만들 수 있도록 말이다.

지금 당장 돈이 없어도 소비를 할 수 있다니! 카드의 유혹은 달콤했다. 소비를 장려하는 사회적 분위기에 너도나도 신용카드를 사용했다. 하지만 머지않아 수많은 사람들이 카드빚을 갚지 못하고 파산하는 등 사회적 문제가 발생했다.

"피, 필요 없다니까요!"

오메가는 카드회사 직원을 애써 뿌리치고 다른 길로 벗어났다. 빌딩 한가운데 전광판에서는 화려한 옷을 입은 사람들이 샴페인을 터뜨리는 카드 광고가 나오고 있었다. 오메가는 무엇이 맞는 것인지 속이 답답해졌다. 시원한 음료수라도 마시고 싶어 주머니 속을 뒤져 동전을 찾은 후 가판대로 향했다.

　한 신문은 '비정한 모정, 동반자살하다'라는 제목으로 이 사건을 대서특필하고 있었다. 다른 신문에서는 '사회가 모녀를 벼랑으로 내몰았다'라는 제목을 달았다.

　제목만 봐서는 같은 사건인지 알기 어려울 정도로 다른 입장이었다. 죽음의 원인은 모녀인가, 사회인가. 오메가는 음료수를 삼키며 중얼거렸다.

　"재밌군. 같은 사건인데 어떤 신문에서는 개인의 잘못이라고 하고, 또 다른 신문에서는 사회의 문제라고 하다니……."

오메가는 아예 자리를 잡고 본격적으로 두 종류의 신문을 하나하나 꼼꼼히 읽어 보았다. 첫 번째 신문은 모녀가 얼마나 사치스러웠는지를 지적하며 이 사건의 책임을 개인에게 전가하고 있었고, 다른 신문은 사회적 구호가 없었음을 비판하며 국가가 이 사건을 책임져야 한다고 주장했다.

사지도 않은 신문을 오래 서서 읽고 있는 오메가가 얄미웠는지 가판대 사장은 버럭 소리를 질렀다.

"이봐요! 살 거요, 안 살 거요?"

오메가는 깜짝 놀라서 쳐다 봤다.

"저, 저요?"

"그래요. 거기 서서 읽고 있지 말고 볼 거면 사서 읽으라고."

오메가는 머쓱해서 신문을 얼른 제자리에 두었다.

"죄, 죄송합니다. 사서 볼 생각이었는데 둘 중에 뭘 사야 할지 몰라서요."

사장은 뭔 소리냐는 듯한 얼굴로 퉁명스럽게 쳐다보았다.

"뭘 사야 할지를 모른다니?"

하나는 보수 신문, 다른 하나는 진보 신문······.

가판대 주인의 말을 듣는 순간, 오메가는 정신이 번쩍 나는 것 같았다. 이제 무엇이 보수이고 무엇이 진보인지 조금 알 것 같은 느낌이었다.

가상 체험을 떠나기 전 카페의 채사장은 이렇게 물었다.

'오메가 씨는 이 세상이 안정적이라고 생각하세요?'

그때는 왜 그런 질문을 했는지 이해하지 못했지만 지금은 어렴풋이 알 것 같았다. 이 세계에 대한 평가가 한 인간을 진보나 보수로 나누는 데 중요한 기준이 되어 주는 것이었다.

오메가가 멍하니 서 있자, 가판대 사장은 슬쩍 눈치를 보았다.

"그래서 뭐, 진보 신문을 살 거요? 보수 신문을 살 거요?"

이제 오메가에겐 신문을 사는 일이 중요한 게 아니었다. 이 체험을 끝내도 될 것 같다는 생각이 들었기 때문이다.

체험을 끝내고 싶을 땐 어느 때라도 문을 열고 나오면 된다고 했다. 오메가는 두리번거리며 문을 찾았다. 가판대 사장이 드나드는 작은 문이 보였다.

오메가가 성큼성큼 다가가 가판대 문에 손을 내밀자, 겁에 질린 사장이 소스라치게 놀랐다. 뒤늦게 사과라도 하려는 것일까? 그러거나 말거나 오메가는 문을 벌컥 열어젖혔다. 역시나 그가 생각한 대로 문 반대편에선 은은한 주황색 빛과 커피 향기

가 느껴졌다. 혼란스러운 도시의 소리는 볼륨을 낮추듯 점차 사그라들었다.

어느덧 익숙하고 편안해진 그 느낌을 따라 오메가는 천천히 발을 디뎠다.

그의 첫 번째 모험이 마무리되는 순간이었다.

따뜻한 빛과 함께 커피 향기가 느껴졌다.

당신은 보수인가 진보인가

○ 아주 단순한 질문

여러분은 아직 어리지만 여러분의 부모님이나 주변의 다른 어른들에게는 이런 질문을 할 수 있을 것 같아요. '당신은 보수입니까? 아니면 진보입니까?' 이 질문을 받으면 크게 네 가지 정도로 대답할 수 있겠지요.

①보수입니다. ②진보입니다. ③중립이에요. ④잘 모르겠어요.

왜 이렇게 생각하느냐고 물으면 다음과 같은 대답들이 나올 거예요.

보수와 진보의 개념을 변화나 안정 추구로 이해하는 것은 잘못된 건 아니지만 너무 막연하고 주관적이지요. 진보나 보수는 세계를 이해하는 눈이에요. 어떤 사람들은 우리가 살고 있는 이 세계가 그나마 안정적이라고 생각해요. 또 다른 사람들은 세계가 불안정하고 문제가 많다고 생각하지요. 세계에 대한 관점이 다르면 다른 사람에 대한 평가를 다르게 내리기도 한답니다.

○ 신자유주의라는 세계

여기서 말하는 '세계'는 무엇일까요? 현재 우리가 사는 세계는 아주 독특한 경제체제인 '신자유주의'의 세계예요. 이 질문은 신자유주의를 어떻게 생각하는지로 바꿔 말할 수 있어요. 신자유주의가 안정적이기 때문에 계속 유지해야 한다는 입장을 '보수' 혹은 '우파'라고 해요. 반대로 신자유주의를 비판하는 입장을 '진보' 혹은 '좌파'라고 한답니다.

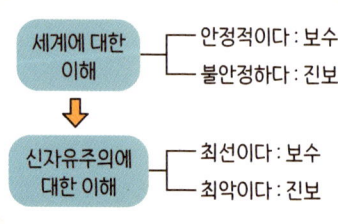

국가 부도의 날

IMF(International Monetary Fund)
국제통화기금 IMF는 환율과 국제수지 등 국제 금융을 감독하는 기관이다.

90년대 초반까지 대한민국 경제는 지속적으로 성장하였고 국민들의 생활수준 또한 높아졌다. 정부는 세계화에 발맞추어 자유경제 체제로 돌입했다. 국가와 은행이 쉽게 대출을 해 주었기 때문에 대기업들은 방만하게 사업을 확장할 수 있었고, 한 회사가 건설, 식품, 전자제품, 중공업, 화장품, 백화점에 이르기까지 거의 모든 분야에 손을 뻗는 한국형 재벌들이 생겨나기도 했다. 그러나 투자에 비해 내실이 적었고, 여러 분야에 관심을 두게 되니 제품의 경쟁력도 떨어지는 상황이었다.

그러던 중 동남아시아에서 금융위기가 시작되자, 아시아 국가에 돈을 빌려주었던 해외 자본들이 빠르게 빚을 회수하기 시작했다. 한국 역시 나라의 외환 보유고가 부족한 상황이 되어, 빌린 돈을 갚을 수 없는 상태, 즉 '부도'의 상황이 닥친 것이다. 한국 정부는 국제통화기금 IMF에 지원을 요청하는 상황에 이르게 된다. IMF는 강력한 구조조정 및 금리 인상 등 까다로운 조건을 내걸며 5년간 580억 달러를 지원해 주었다.

나라 경제를 이끌던 큰 기업들이 매일 수십 개씩 쓰러졌고, 이에 따라 하루아침에 일자리를 잃은 노동자들이 거리로 나왔다. 스스로 목숨을 끊는 사람들도 생겨났으며 노숙자와 고아가 급증했다. 이런 상황에서 국민들은 집에 있던 금과 달러를 모으고 국산품을 사용하며 힘을 모았다. 결국 대한민국은 2001년 8월, IMF로부터 빌린 돈을 예정보다 빠르게 모두 갚는 데 성공한다. 이 사태 이후 살아남은 기업은 경쟁력을 되찾았고, 정부의 위기 대처 능력도 생겼지만 부작용도 남았다. 기업과 국민이 투자와 소비를 두려워하며 지속적으로 경제가 침체되었고, 빈부격차와 양극화는 심해졌다. 이러한 문제는 20년이 지난 현재까지도 우리 경제의 고질적인 문제점으로 남아 있다.

금 모으기 운동 국민들의 희생정신으로 전국 351만 명이 참여하여, 총 227톤의 금이 모였다.

Break Time
가상 세계를 탈출하라

신비한 가상 체험 중인 오메가. 지겹게 따라붙는 카드회사 직원을 따돌리고 채의 카페로 돌아갈 수 있을까? 채의 카페로 통하는 마지막 문을 찾아 미로찾기를 해 보자.

숙제하는 날

문이 열리자 오메가가 숨을 헐떡이며 들어왔다. 그의 얼굴은 환하게 상기되어 있었다. 채는 마음속으로 안도했다.

'알파가 만들어 준 이 카페에서도 가상 체험이 가능했구나.'

움츠러든 모습으로 체험을 시작했던 오메가는 언제 그랬냐는 듯 신이 나서 종알거렸다.

"보수나 우파라고 불리는 사람들은 신자유주의를 옹호하고, 진보나 좌파는 신자유주의를 비판하는 입장 맞죠?"

"와아."

채는 조금 놀라 짧은 감탄사를 내뱉었다. 오메가가 생각보다 빠른 속도로 이해했기 때문이다. 우리는 보수를 흔히 안정 지향적인 사람을 가리킨다고 생각한다. 그러나 정치적인 분류는 그것과 일치하지 않는다. 설사 한 개인의 취향이 변화를 추구하고 개방적인 스타일을 선호한다고 해도 그 사람이 신자유주의를 옹호한다면 '보수'로 분류되어야 하기 때문이다.

"이처럼 각각의 입장은 많이 다르지만, 신자유주의에 반대한다는 느슨한 공통점 때문에 모두 '진보'로 묶인다는 것도 기억하면 좋을 것 같아요."

채의 보충 설명마저 쉽게 이해가 되었는지, 오메가는 격하게 고개를 끄덕였다.

채 역시 본격적으로 이야기를 나누고 싶은 마음이 간절했지만 이미 시간이 많이 흘렀다. 아무래도 오메가와는 앞으로 이 문제에 대해 더 꾸준히 대화할 수 있을 것 같았다.

채가 힐끔 시계를 보자 오메가는 바로 말을 멈췄다.

"아이고, 제가 시간을 너무 많이 빼앗은 모양입니다. 마감 시간에 와서 실례가 많았네요."

채는 다음에 만날 때까지 이 질문에 대한 대답을 정리할 수 있겠냐고 물었다. 오메가는 얼떨떨했지만 그러겠다고 대답하고는 주섬주섬 짐을 챙겨 카페를 나왔다.

늦은 밤, 도로는 한산하고 조용했다. 여느 때와 다름없이 집으로 향하는 익숙한 길을 걷다 보니, 조금 전까지 겪었던 일들이 마치 꿈처럼 느껴졌다. 마지막 채사장의 질문도 다시 한 번 떠올렸다.

'이 세계에 사는 사람들 중에서 신자유주의를 옹호하는 사람은 누구일까. 또 그것을 비판하는 사람은 누구일까……'

　단순히 생각하더라도 자본가나 기업가는 보수, 그리고 노동자와 서민은 진보라는 생각이 든다. 하지만 채라는 사람이 따로 숙제를 내 준 걸 보면 이렇게 간단한 답이 아닐 것만 같다.

　조금 더 꼼꼼하게 세계를 살피고 정리해 볼 필요가 있지 않을까? 생각이 여기까지 이르자 오메가는 오랜만에 가슴이 뛰는 게 느껴졌다. 정치인이 되어야 한다는 막연한 압박감에 하루하루를 억지로 버텨 내던 오메가였다. 그런데 이제 그에게도 하고 싶은 공부가 생긴 것이다. 게다가 내일은 휴일이니, 시간 또한 충분했다.

눈을 뜨자마자 오메가는 메모지와 펜부터 챙겨서 경건한 자세로 TV 앞에 앉았다. 아침부터 다양한 내용의 뉴스들이 정신없이 쏟아지고 있었다. 화면에 나오는 수많은 사람들과 단체들 중에 과연 누가 신자유주의를 옹호하고 있을까? 그리고 그 체제를 비판하는 사람은 또 누구일까?

어느 정도 TV와 신문을 읽은 오메가는 이번엔 거리로 나갔다. 시장을 돌아보고, 식당과 카페에서 일하는 사람들을 지켜보았다. 공원에서 쉬고 있는 노인들을 살펴보고, 교회 앞에서 전도 활동을 하는 신자들도 유심히 바라보았다.

번쩍이는 대기업 건물을 지나 지하보도의 소규모 가게들을 보고, 단체나 모임 이름이 쓰인 곳에서는 잠시 서서 무슨 일을 하는 집단인지 들여다보기도 했다.

대학교에 붙어 있는 대자보도 꼼꼼히 살펴보고, 집회하는 노동자들의 주장에도 귀를 기울였다.

'조금만 더 찾아보면 정리가 될 것 같은데?'

오메가는 가까운 도서관으로 향했다. 주말이었지만 도서관 안에는 공부하는 젊은이들로 붐볐다. 오메가는 정치 서가에서 책 몇 권을 뽑았다. 서양의 정치사를 정리한 책을 후루룩 훑어보고, 우리나라의 노동운동에 대한 책도 살펴보았다. 인터넷 자료실에서는 각 나라별 세율은 어떻게 되는지 검색도 해 보았다.

이 도서관에 앉아 있는 한 명 한 명의 생각은 알 수 없지만, 사회를 구성하고 있는 몇몇 덩어리들이 어떤 성향을 띠고 있는지는 조금씩 보이는 것 같았다.

　모처럼의 휴일, 도서관을 찾은 건 알파와 오메가뿐만이 아니었다. 채 역시 내일부터 손님들과 나눌 토론 자료를 찾아볼 생각으로 도서관에 온 것이었다. 그런데 여기서 알파와 맞닥뜨릴 줄이야! 채는 믿을 수 없다는 표정으로 알파를 바라보았다.

　그동안 무슨 일이 있었을까? 정말 상위 신이 된 건 맞을까? 반가운 마음에 소리라도 지르고 싶었지만 알파는 손가락을 입술에 갖다 대고 조용히 하라는 사인을 보냈다.

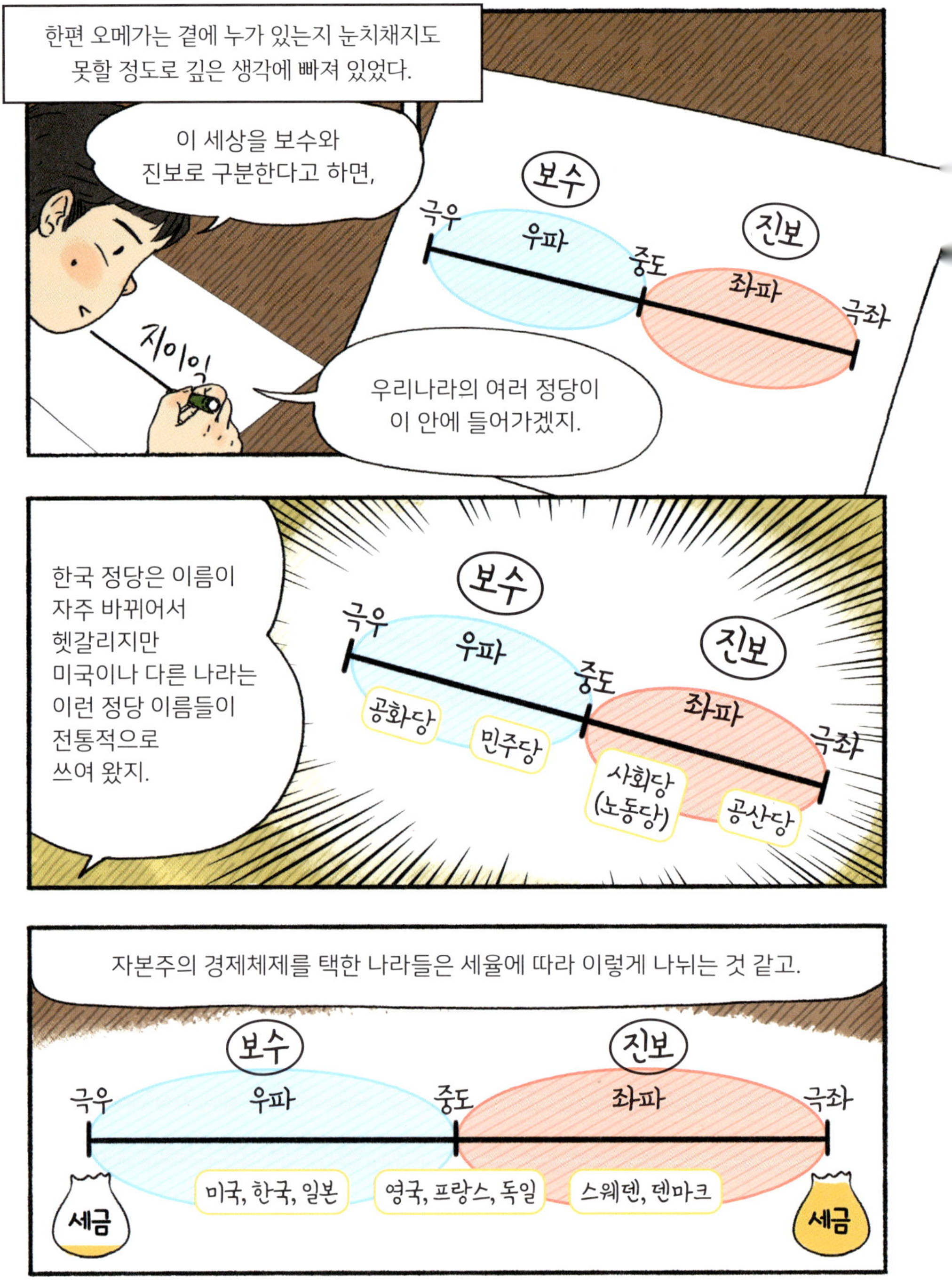

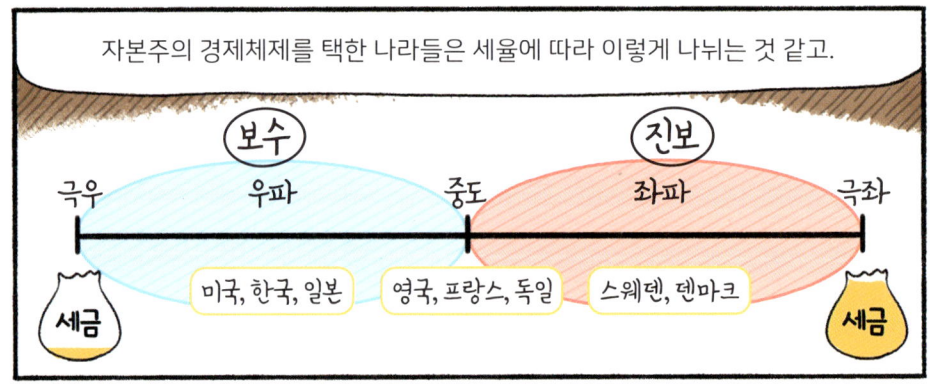

오메가는 종일 TV를 본 덕에 방송사마다 어디가 좀 더 진보에 가깝고 어디가 좀 더 보수에 가까운지도 추측할 수 있었다. 얼마 전까지만 해도 미디어는 객관적인 사실을 전달한다고 믿었던 오메가였다. 그러나 오늘 다시 보니, 100퍼센트 객관적인 사실이라는 것은 존재하지 않았다.

그는 종일 TV를 통해 비싼 제작비를 들여 만든 프로그램을 보았고, 몸값이 높은 배우와 진행자의 노동도 감상했지만 방송국에 그 어떤 대가도 지불하지 않았다. 그래도 방송국이 운영되는 이유는 오로지 광고 때문이다.

오메가의 입에서 슬며시 미소가 새어 나왔다.

'고객은 왕이야. 미디어의 고객은 광고주겠지? 그러니 방송이 기업의 이익에 반대되는 내용을 내보내는 건 현실적으로 어렵겠지. 자칫, 기업의 비리와 문제점을 잘못 들췄다가 광고를 못 받으면 방송국은 망하는 거잖아?'

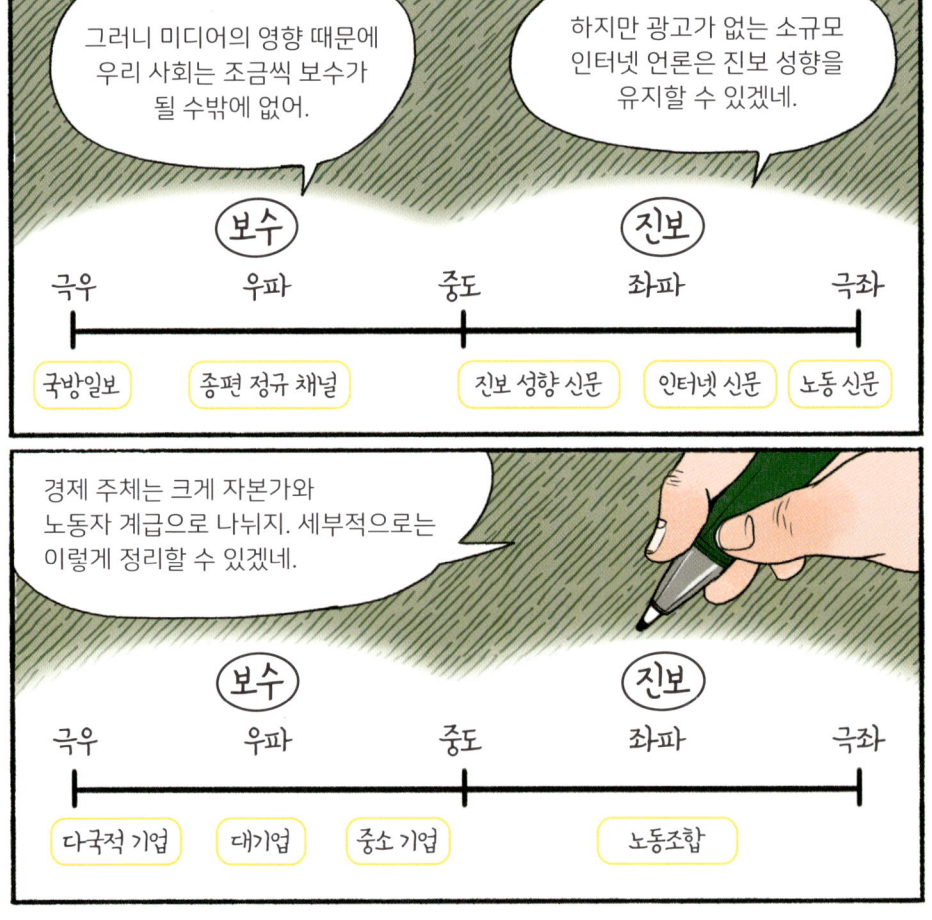

현실에서 보수와 진보는 어떻게 나타나는가

○ 신자유주의를 좋아하는 집단, 싫어하는 집단

실제 우리가 사는 세상에서는 어떤 사람들이 보수를 선택하고 또 진보를 선택할까요? 그 답을 알기 위해서는 어떤 개인이나 집단이 신자유주의를 유지하려고 하는지, 또는 신자유주의를 비판하는지 알아야겠지요.

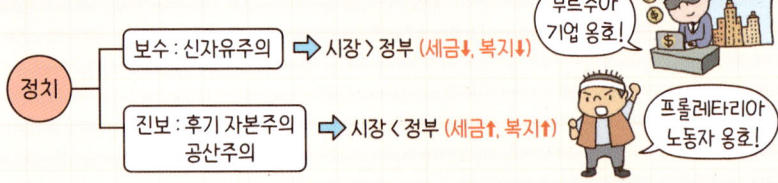

신자유주의는 곧 시장의 자유예요. 세금은 낮아지고 규제는 최소화되지요. 이런 사회를 반기는 사람들은 생산수단을 가진 자본가와 기업이에요. 반대로 생산수단을 갖지 못한 노동자, 농민, 서민들은 정부가 세금을 높이고 규제를 강화하며 복지 혜택을 많이 줄수록 좋아할 거예요. 그래야 삶의 환경이 개선되고 빈부의 격차도 줄어들 테니까요.

○ 우리 사회의 여러 집단

오메가가 정리한 것처럼 우리 사회를 이루는 다양한 집단들의 정치 성향을 나눠 볼 수 있어요. 단, 이 책에서 정리한 구분은 다분히 대략적인 분류라는 것을 알아주면 좋겠어요. 세부적인 구분은 여러분이 직접, 다른 사람들과의 지적 대화를 통해 다시 만들어 가도록 해요.

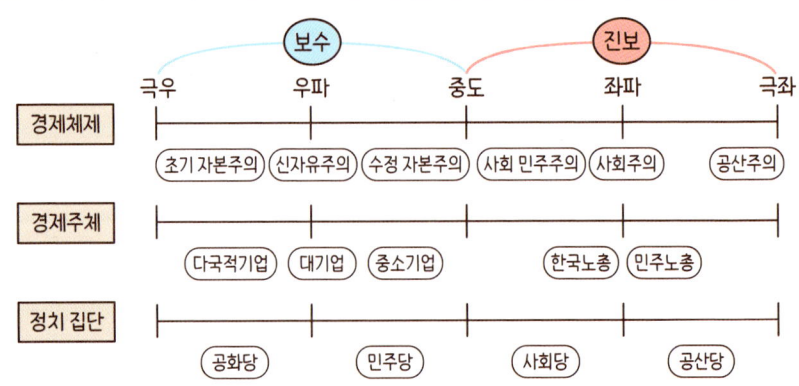

정당의 색깔 이야기

프랑스 혁명 정신이 적혀 있는 삼색기

각 정당이 가지고 있는 상징 색깔에는 어떤 의미가 있을까? 전통적으로 보수 진영의 색은 파랑, 진보 진영의 색은 빨강이었다. 그 기원은 프랑스 대혁명에서 찾을 수 있다. 혁명의 정신을 담고 있는 삼색기에는 파랑, 흰색, 빨강이 차례로 들어가며 각각 자유, 평등, 우애(박애)를 뜻한다. 여기서 박애나 우애로 번역된 '프래터니티'는 공동체 구성원이 하나로 연결되어 있는 '연대'를 뜻한다. 1917년, 러시아의 혁명가들이 빨간 깃발을 공산주의의 상징으로 사용하였고, 이어 소련, 베트남, 중국, 북한 등 공산주의 국가의 국기에는 빨강이 사용되었다. 자연스럽게 파랑은 자유주의 진영의 색이 된 것이다.

의회 민주주의의 오랜 역사를 지닌 유럽은 나라마다 약간의 차이는 있지만 보수 정당은 파랑, 진보 정당을 빨강을 사용해 왔다. 숲의 색깔인 녹색은 생태주의의 상징으로 좌파인 녹색당의 고유 색깔이다.

그러나 한국, 미국, 일본 등의 국가에서는 이런 전통적인 공식을 따르지 않는다. 미국은 보수 정당인 공화당이 빨강, 진보 정당인 민주당이 파랑을 사용했다. 일본 또한 보수 진영인 자민당이 오랫동안 녹색을 사용했다가 최근 붉은색으로 바꾸기도 했다. 이 세 나라의 경우 역사적으로 공산주의에 대한 반감이 강한 국가였기에 빨간색에 대한 거부감 또한 가지고 있었다. 빨강은 신보 정당에서도 선뜻 사용하기에 꺼려지는 색이었기에 오히려 보수 정당에서 선택할 수 있게 된 것이다. 오늘날 한국의 정당은 기존의 상징과는 무관하게 다채로운 색으로 대중들에게 정치적 메시지를 전달하고 있다.

프랑스의 선거 벽보 전통적인 색깔 구분 외에도 다양한 정당의 상징색을 볼 수 있다.

미국의 대통령 선거 진보인 민주당은 파랑, 보수인 공화당은 빨강을 상징색으로 사용한다.

Break Time
누가 보수, 누가 진보일까?

사회에서 만나는 많은 사람들은 저마다 다른 입장을 가지고 있어. 그들의 말을 들어보고 정치적으로 보수인지, 진보인지 알아보자.

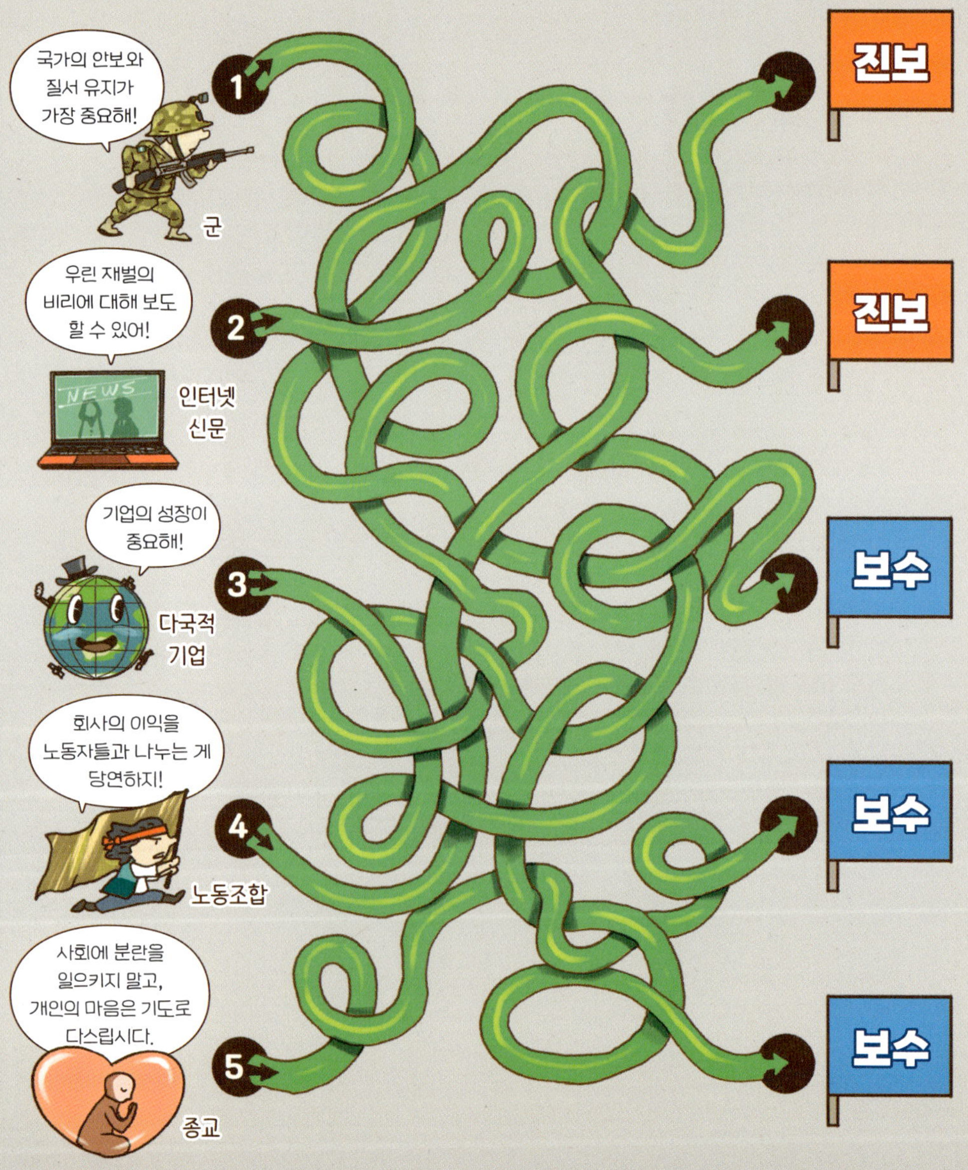

1. 국가의 안보와 질서 유지가 가장 중요해! — 군

2. 우린 재벌의 비리에 대해 보도할 수 있어! — 인터넷 신문

3. 기업의 성장이 중요해! — 다국적 기업

4. 회사의 이익을 노동자들과 나누는 게 당연하지! — 노동조합

5. 사회에 분란을 일으키지 말고, 개인의 마음은 기도로 다스립시다. — 종교

진보 / 진보 / 보수 / 보수 / 보수

본격
토론 카페

　창문으로 지식카페 안을 들여다 보던 오메가는 깜짝 놀랐다. 앉을 자리가 없을 정도로 많은 손님들이 카페 안을 빼곡하게 채우고 있는 것이다. 게다가 다들 열정적으로 이야기를 나누고 있는 게 아닌가.

　'파리만 날릴 줄 알았는데 이 카페……, 웬일이야?'

　사실, 지난번에 채사장이 타 주었던 커피 맛이 나쁘지는 않았다. 하지만 이렇게까지 인기가 많을 만큼 대단한 맛은 아니었다. 가게 분위기도 그냥 그렇고, 음료도 평범한 수준이었는데 대체 무엇 때문에 손님이 몰린 것일까? 오메가는 슬슬 눈치를 보며 가게 안으로 들어갔다.

"오메가 씨 오셨네요?"

빈 음료 잔을 정리하던 채가 인사했다. 반가운 표정이었지만 몰려드는 주문을 처리하느라 땀을 뻘뻘 흘리고 있었다.

"아니, 사장님 오늘 손님이 무척 많네요? 무슨 날이에요?"

오메가는 설거지가 안 된 빈 잔을 얼른 나르며 물었다.

"그러게요. 얼마 전부터 토론거리를 조금 드렸더니, 다들 굉장히 열심히 하시네요."

'아닌 것 같아도 많은 사람들이 지적 대화를 원한다.' 바로 알파가 해 준 이야기였다. 채는 몇 가지 중요한 사회적 현안들을 정리한 후 카페를 찾는 손님들에게 관련된 질문을 던졌는데 꽤 많은 사람들이 자신의 생각을 정리해서 이야기하려고 애를 쓰는 것을 볼 수 있었다.

　채는 지금 도움을 사양할 상황이 아니었다. 채가 음료를 만드는 동안 오메가는 고무장갑을 끼고 설거지를 시작했다. 그러면서 귀를 쫑긋 세우고 손님들이 하는 이야기에 귀를 기울였다. 복지, 형평성, 포퓰리즘 등등 어려운 단어가 언뜻언뜻 들렸다. 채가 다가오자 오메가는 참지 못하고 물어보았다.

　"그런데요, 요 앞 테이블에 앉은 분들은 지금 무슨 얘기를 하고 있는 거래요?"

　얼마 전부터 이들이 살고 있는 도시에서는 '무상급식'이 가장 뜨거운 이슈 중 하나였다. 학생들이 학교에서 먹는 점심식사를 공짜로 주겠다는 정책이다. 원래 이곳 학생들은 적은 돈으로 급식비를 내고 밥을 사 먹을 수 있었다. 물론 저소득층 아이들에겐 이미 급식비 지원이 나오고 있었다. 그런데 선거철이 가까워지자 시장이 새로운 정책을 내놓았다. 다음 학기부터는 가난한 아이든, 부자 아이든 가리지 않고 모두에게 급식을 완전히 무료로 제공한다는 것이었다. 많은 사람들이 격하게 환영했지만, 다음 선거를 노리고 인기몰이를 하는 건 아니냐며 시장을 욕하는 이들도 있었다. 카페에 온 사람들은 이에 대해 어떻게 생각하고 있을까? 오메가는 궁금한 마음에 귀를 쫑긋 기울여 보았다.

토론하던 손님들의 목소리는 점점 커져 갔다. 오메가는 설거지한 그릇의 물기를 닦으며 더 자세한 이야기를 들어보려고 애를 썼다. 양측 다 일리가 있는 말이었다. 누가 옳고 누가 그르다고 말하기 어려운 문제였기 때문이다. 다만 입장의 차이가 있을 뿐이었다.

나라에서 새로운 일을 추진하려면 어쩔 수 없이 세금이 필요하다. 그런데 그 세금은 어디에서 오는가? 그리고 누가 혜택을 받게 되는가?

"오메가 씨, 이제 제가 할게요. 좀 쉬세요."

바쁜 일이 지나자 채가 다가와 말했다. 조금 전 테이블의 토론 열기는 어느 정도 식은 것 같더니 금세 다시 뜨거워졌다.

"손님들이 이번엔 다른 얘길 하시나 봐요."

"아, 조금 지난 이슈이긴 한데……, FTA 자유무역협정이라고 아시죠?"

"아유, 그럼요! 들어는 봤습니다."

모를 수가 없었다. TV에서도, 라디오에서도, 신문에서도, 늘 FTA 이야기뿐이었으니까.

FTA는 'Free Trade Agreement'의 약자. '자유무역협정'이란 뜻이다.

자원이 부족한 나라는 다른 나라에서 원료를 수입하고 공산품이나 서비스와 같은 제품을 수출해야 한다.

무역을 하면 세금이 따라붙는다. 수입과 수출을 할 때 붙는 세금을 특별히 '관세'라고 한다.

FTA는 나라와 나라 간의 협약이다. 관세를 낮추거나 아예 없애 버리는 것이다.

우리끼리는 싸게 합시다.

총칼이 아닌 무역으로 전쟁을 벌이는 시대. 각 나라들은 자신의 이익을 위해 최선을 다한다.

그렇다면 한국은 FTA에 찬성해야 할까, 반대해야 할까?

오메가는 우렁찬 목소리에 깜짝 놀랐다. FTA를 찬성하는 입장의 손님이었다. 경제를 잘 아는 사람답게 자신만만한 목소리였다.

"저도 사업을 해 봐서 아는데요, 세금만큼 걸림돌이 되는 게 없어요. 아무래도 세금 부담이 있으면 투자를 망설이게 돼요."

테이블에 맞은편에 앉아 있는 한 학생의 목소리였다. 학생은 뿔테 안경을 올리며 또박또박 말을 이었다.

"이건 비즈니스예요! 강대국이 손해 보는 장사를 할 거라고 생각하세요? 점차 자신들의 경제에 종속시키려고 할 거예요."

다른 손님도 고개를 끄덕이며 말했다.

"FTA 자체가 문제라기보다 어떤 나라와 어떤 계약을 맺는지가 관건이지요."

아까 그 학생이 말을 받아쳤다.

"물론 관세를 줄이면 이득을 보는 분야가 있을 거예요. 하지만 손해를 보는 분야도 있거든요. 특히 농업이요!"

관세도 결국 세금이다. 세금이 낮아지면 복지가 줄어든다. 그러니 자본가, 기업, 보수 정당과 언론은 이를 찬성할 것이고, 진보 정당과 언론, 학생, 노동자는 반대할 것이다.

시간이 지나자 손님들이 하나둘 자리를 뜨고, 카페는 다시 예전처럼 조용해졌다. 자리를 정리하던 채가 다가와 말을 걸었다.

"이제야 좀 여유롭네요. 오메가 씨도 커피 한잔 하실래요?"

"아, 네. 감사합니다."

"사실 저도 이런 사회적인 문제에 관심이 없는 편이 아니었거든요. 늘 궁금했고 알고 싶었지요."

어른들의 성화에 어쩔 수 없이 정치인의 길을 택한 것처럼 보였지만 사실은 오메가 자신도 세상 일에 관심이 많은 편이었다. 그러나 이내 지치곤 했는데, 끝없는 싸움과 갈등이 이어지는 모습을 보고 있으면 금세 피곤해졌기 때문이다.

"왜들 그렇게 싸우는지, 적당히 중간을 유지하면 안 되는지, 매번 답답했어요."

오메가는 채가 건네준 따뜻한 커피를 천천히 한 모금 마시더니 달라진 표정으로 말을 이었다.

"그런데 이제 많은 것들이 선명해졌어요."

세상의 다양한 문제들은 결국 아주 단순한 논리로 굴러가고 있었던 것이다.

보수와 진보를 실제 현실에 적용해 보자

지금 이 시간에도 우리가 살고 있는 세계에는 여러 가지 사건들이 일어나고 있어요. 이 사건들에는 대립하는 두 가지 시선이 존재하지요. 우리나라뿐 아니라 전 세계적으로 논의되는 사안들을 보수와 진보의 시선에서 각각 어떻게 생각하는지 알아볼까요?

○ 무상급식

무상급식은 학생들에게 공짜로 밥을 준다는 뜻이에요. 다시 말하면 복지에 대한 내용이지요.

 : 반대

복지는 곧 세금 인상이에요. 세금 인상은 기업가와 자본가에게 부담을 줘요. 보수 정권은 무상급식 정책을 거부할 거예요. 보수 언론은 국가의 과도한 재정 지출에 대해 비판하겠지요. 기업은 남몰래 보수 정당과 보수 언론을 지원하고요.

 : 찬성

복지의 직접적인 수혜는 사회적 약자와 서민이 받아요. 진보 정당은 무상급식 제도를 강력 추진할 거예요. 진보 언론은 사회 윤리적 측면에 초점을 맞출 거고, 노동계와 학생운동 단체가 이에 동조할 거예요.

○ FTA

FTA는 '자유무역협정'이란 뜻으로 국가끼리 서로 무역을 할 때 관세를 낮추거나 아예 없애는 제도를 말해요. 관세도 세금이니 이에 따른 양측의 의견이 대립할 거예요.

 : 찬성

세금이 낮아지면 자본가와 기업에 이익이 돼요. 보수 정당은 FTA를 추진하려 할 거예요. 보수 언론은 FTA의 장점을 부각하고, 기업이 수출을 많이 하는 게 국가의 이익이라는 것을 홍보할 거예요. 군이나 종교에서도 장기적인 관점에서 국가의 이익이라고 말할 거예요.

 : 반대

세금이 낮아지면 복지가 줄어 노동자와 서민에 불이익이 될 거예요. 진보 정당은 FTA를 막기 위해 애쓸 거예요. 진보 언론은 소규모 기업이나 소상공인이 경쟁에서 밀릴 것을 강조하고, 농민들이 입을 피해를 중심적으로 보도할 거예요. 노동계와 학생운동 단체도 거세게 반대할 거고요.

하나의 사안, 두 가지 입장

민영화VS국영화

민영화란 의료, 철도, 도로, 전기, 수도, 통신, 공항 등 국가가 관리하던 생산수단을 민간 부분으로 넘기는 것을 말한다. 정부의 개입을 줄이고 시장의 자유를 확대하는 정책이니, 세금은 줄어들고 복지도 축소된다. 그렇기 때문에 보수 진영은 민영화에 찬성하고 진보 진영은 반대할 것이다. 보수 진영에서는 공기업의 부패나 관료주의 등의 문제점을 해결하고 효율적으로 사업을 운영할 수 있다는 장점을 강조할 것이다. 자본가와 대기업은 생산수단을 인수하기 위해 노력하고, 보수 언론은 기존 공기업의 비효율적이고 방만한 운영을 보도할 것이다. 반면 진보 진영은 민영화가 진행되면 노동자와 서민의 부담이 커진다며 적극적으로 반대할 것이다. 생존과 직결된 문제는 시장의 논리를 따를 수 없다고 주장할 것이고, 노동계와 학생운동 단체가 이를 지지할 것이다.

가스 민영화를 반대하는 시위대.

보편적 복지VS선별적 복지

여러 복지국가에서 시행하는 무상 교육.

모든 국민에게 일정한 생활비를 지급하는 기본소득 제도, 누구나 가입하여 혜택을 받는 의료보험 제도, 무상급식, 무상보육 등은 보편적 복지에 해당한다. 보편적 복지는 꼭 필요한 사람에게만 효율적으로 보장하는 선별적 복지와는 반대되는 입장이다. 복지를 위해서는 세금이 필요하다. 그렇기 때문에 보수 진영에서는 반대하고, 진보 진영에서는 찬성할 것이다. 보수 진영은 국가의 경제력이 약해지고 국민들이 일하지 않으려 한다는 우려를 표할 것이다. 진보 진영은 선별적 복지가 오히려 사회 양극화를 심화시킨다고 주장하며 상대적 박탈감을 주지 말고 사회적 격차를 줄이도록 노력해야 한다고 주장할 것이다.

Break Time
네 생각은 어때?

세금과 복지에 대한 여러 사회적인 현안들에 대하여 나는 어떤 생각을 가지고 있을까? 찬성과 반대 입장을 생각하고 그 이유도 정리해 보자.

의료 민영화

현재 우리나라는 모든 국민이 의무적으로 의료보험에 가입되어 있어. 여러 사람이 의료 비용을 미리 지불함으로써 다치거나 아플 때 의료비 부담을 줄일 수 있지. 그러나 국민건강보험이 그 역할을 독점함으로서 권력이 집중되었고, 비효율적인 경영을 한다는 지적도 있어. 의료 산업을 민영화하면 시장 경쟁 원리로 효율성과 발전을 추구할 수 있을 거야.

- 의료 민영화에 대한 나의 생각은 어떤가요? 찬성, 혹은 반대 주장에 대한 이유도 같이 정리해 보세요.

___

___

___

기본 소득

기본 소득은 국가 또는 지방자치제가 모든 구성원 개인에게 아무 조건 없이 정기적으로 생활비를 주는 제도야. 가난한 사람에게 일시적으로 도움을 주는 생활보장제도와는 달리 모든 국민에게 소득을 보장하는 제도로 '보편적 복지'에 해당하지. 현재 미국 알래스카 주에서 시행하고 있으며 인도, 캐나다, 핀란드 등의 국가에서 시범적으로 운영하기도 했어.

- 기본 소득 제도에 대한 나의 생각은 어떤가요? 찬성 혹은 반대 주장과 이유도 함께 정리해 보세요.

___

___

___

4 보수와 진보의 비유

한판 승부,
보수 대 진보!

"와아! 와아아!"

시끄러운 환호성 소리에 오메가는 정신이 아득해지는 것을 느꼈다. 주변을 두리번거리니 거대한 경기장이 보였다. 수많은 관중들이 빼곡히 들어찬 축구경기장이었던 것이다. 오메가는 더듬더듬 자신의 몸을 만져 보았다. 깨끗한 정장 수트 차림, 머리엔 헤드셋과 마이크까지 있었다.

"아이고! 반갑습니다. 해설위원님!"

반대쪽에서 매끈한 사내가 걸어오고 있었다.

"저는 이번 경기 캐스터입니다. 오늘 잘 부탁드려요."

그가 눈을 찡긋하며 중계석으로 인도했다. 오메가는 당황스러웠다. 해설위원이라니.

"자랑스러운 보수 팀 선수들이 입장하고 있습니다. 박수와 환호 보내 주시기 바랍니다."

캐스터는 소리 높여 중계를 했다. 오메가는 놀란 눈으로 보수 팀 선수들을 바라보았다. 다들 어찌나 큰지 마치 거인처럼 보였다. 게다가 하나같이 조각처럼 잘생긴 선수들이었다.

오메가가 넋을 놓고 보고만 있자 캐스터가 아무 말이라도 하라며 눈치를 줬다. 오메가는 두리번거리다가 마이크에 다가가 말을 꺼냈다.

"아, 네. 저 선수는 특히 덩치가 좋군요."

"보수 팀의 골키퍼 말씀이시죠? 저 선수가 바로 보수 팀의 '정당' 선수입니다."

사나운 눈매의 다부진 어깨를 보니, 괜스레 오메가가 움츠러들었다. 어떤 골이라도 막아 줄 것 같은 느낌이었다.

"자, 다음은 진보 선수들입니다!"

캐스터의 말에 오메가도 무언가 해설을 하려고 입술을 달싹거렸다. 그러나 곧 놀라서 입을 다물 수밖에 없었다. 수백 명의 선수들이 끝도 없이 입장하고 있었기 때문이다. 하나같이 작고 느린 선수들이었다. 경기장도 찾지 못해 우왕좌왕하고 있었다.

"아, 네! 이 선수들은 모두 공격수인 '노동자'입니다. 잘 뭉쳐서 경기를 풀어 나갈 땐 더없이 훌륭한 팀이지만 서로 의심하느라 공을 잘 패스하지 않는다는 게 단점이지요. 한편, 지금 입장하는 수비 선수들은 진보 진영의 '미디어'고요."

"아아, 네. 아주 깔끔하고 검소해 보이는군요."

그때 비쩍 마른 선수가 두꺼운 책을 들고 나왔다. 진보 팀의 골키퍼였다.

"네! 진보 팀의 '정당' 선수! 많이 배운 사람답게 오늘도 책을 챙겼네요. 무척 똑똑한 선수죠?"

캐스터가 외치자 오메가는 흘끗 선수를 보았다. 과연 학구적인 생김새였다. 그런데 골키퍼가 조금 이상한 것 같았다.

'저 사람 혹시 자기 분열적 특징이 있나?'

오메가는 걱정 섞인 의심이 들었지만 오래 생각하지는 않았다. 현실 세계의 진보 정당도 줄곧 분열되곤 했기 때문이다. 오메가는 곧 관중석을 비추는 카메라를 따라 시선을 옮겼다.

"신기하네요. 다들 참 닮으셨어요."

오메가가 말하자 캐스터가 대꾸했다.

"아, 저쪽에 앉은 관중들은 모두 진보 팀 선수들과 친인척 관계이기 때문입니다."

관중들이 응원을 시작할 모양이었다. 주섬주섬 응원도구를 꺼내는데 보수의 상징색인 파란 색 응원봉이 아닌가?

"보수 파이팅! 보수 파이팅!"

"잠시만요, 캐스터님. 저쪽 관중들은 모두 진보 팀 선수들과 친인척 관계라고 하지 않았나요? 그런데 왜 보수 팀을 응원하는 거죠?"

캐스터는 그게 뭐 대수냐는 듯 심드렁하게 받아쳤다.

"왜긴요? 보수 팀이 더 잘생겼잖아요."

노동자, 서민과 같은 처지인데 왜 기업과 부자를 응원하지?

오메가는 뒷통수를 얻어맞은 기분이었다. 외모의 힘이 그렇게 강력했단 말인가!

그러고 보니 진짜 보수 팀과 가까운 관중은 보이지 않았다. 그들도 친인척이 있을 것이고 분명히 응원을 나왔을 텐데, 대체 어디에 앉아 있을까? 오메가가 두리번거리자 캐스터가 마이크를 잠시 끄더니 속삭였다.

"이건 비밀인데요, 이 경기장에 진짜 보수들의 로얄석이 따로 있다고 해요. 소문만 무성할 뿐, 로얄 패밀리를 실제로 본 사람은 아무도 없다고 하죠."

관중들은 정말 그 누구도 축구에 관심이 없어 보였다.

진보 쪽도 보수 쪽도 마찬가지였다. 그들은 계속 옆 사람을 의심하고, 싸울 뿐이었다.

 먼어서 잘 안 보이는 곳에 앉은 사람들은 그나마 자기 자리가 있다는 것에 위안을 삼았다. 그들은 경기 내내 졸다가도 잘생긴 공격수들이 살짝살짝 보이면 깨어나 환호성을 내질렀다. 그들에게 축구란 그저 멀리서 거인 공격수를 보는 것에 지나지 않았다. 하긴, 현실 세계의 사람들도 정치에 관심이 많은 척하지만 어떤 일이 일어나고 있는지 잘 모르지 않았던가.

그때였다. 앞쪽에서 경기를 보던 한 관객이 벌떡 일어나 모두를 향해 소리쳤다.

"큰일났습니다! 지금 경기장에서 선수들이 죽어가고 있어요! 당장 이 게임을 중단해야 합니다!"

그러나 관중들의 반응은 차가웠다.

"정말 무례한 관중이네요. 안 그렇습니까?"

캐스터마저 흉을 보았다. 오메가는 머리가 어지러워 대답조차 할 수 없었다. 약자의 상황을 대변하는 목소리는 줄곧 외면당한다. 다수의 사람들이 원하는 것은 별탈 없이 사는 것이니까.

"그, 글쎄요. 일단 경기에 집중하도록 하지요."

진보 팀의 선수들이 실점을 당할 최대 위기에 처한 것이다.

"막을 수 있습니다! 진보 팀 선수들, 정신을 차려서 막아야 합니다!"

오메가는 큰 목소리로 진보 팀 선수들을 독려했다. 보수 팀 공격수의 체격이 크긴 했지만 자세도 좋지 않았고 위치도 나빴다. 누구라도 달려가서 제대로 수비를 한다면 충분히 막을 수 있을 것 같았다.

그러나 대체 누가 수비를 한단 말인가. 진보 팀은 경기가 시작된 순간부터 아비규환이었다. 수많은 공격수들은 이미 상대방 거인 선수들에게 짓밟혀 피를 흘리고 있었다.

'이, 이게 뭐야!'

오메가는 해설을 할 기운도, 경기를 볼 기분도 나지 않았다. 처음부터 상대가 되지 않았던 두 팀이었다. 경기는 너무 폭력적이었고, 관중들은 관심도 없을 뿐더러 서로 싸우기에 바쁘다. 그러나 캐스터는 신이 난 모양이었다.

한편 몇 안 되는 진보 팀의 응원석에선 야유가 터져 나왔다. 언제부터 경기를 봤다고, 갑자기 이렇게까지 분노를 터뜨리는지 오메가로선 이해할 수 없었다. 관중들은 경기장을 향해 쓰레기와 물병을 집어던지고 선수들을 욕했다.

그때, 진보 팀의 비쩍 마른 골키퍼가 들고 있던 책을 내려놓고 성큼성큼 경기장 한가운데로 나아갔다.

"왜 저러는 거죠?"

오메가가 묻자 캐스터가 대답했다.

"글쎄요, 경기를 망쳤으니 사과를 하고 책임을 지겠죠?"

아니나 다를까 그는 아주 정중한 자세로 관중석을 향해 고개를 숙이더니 무릎을 꿇고 사죄했다.

'해결? 도대체 어떻게 하겠다는 거지?'

오메가는 그가 제시하는 해결책이 궁금해서 오랜만에 귀를 쫑긋 세웠다.

"헐……, 이게 무슨 해결 방법입니까!"

오메가는 황당해서 화가 날 지경이었다. 그까짓 정당 이름 바꾸는 게 뭐 대수라고, 이것과 책임이 무슨 상관이 있단 말인가! 그러나 본질은 그대로 둔 채 정당 이름만 교체하는 것으로 책임지는 행위는 뉴스에서 보아온 정치인들의 모습이었다. 캐스터는 기대도 안 했다는 듯 피식 웃었다.

"그럼 어찝니까?! 다른 대안도 없잖아요."

관중들의 반응도 마찬가지였다. 방금 전까지만 해도 죽일 것처럼 사납게 달려들던 사람들이 대번에 심드렁해져서 자리에 앉기 시작했다.

"에이 뭐, 그러시든가."

"맘대로 하슈."

오메가는 비틀거리며 자리에서 일어났다. 자리 뒤에 있는 중계석 문을 열자 바로 채의 카페가 보였다.

녹초가 된 오메가는 터덜터덜 채 앞으로 다가갔다.

당신은 누구를 응원하겠는가

이야기 속에 등장한 이상한 축구 경기에는 여러 가지 비유와 상징이 들어 있답니다.

○ 잘생기고 큰 거인 선수들 VS 왜소하고 굼뜬 수많은 선수들

보수를 이루고 있는 주된 구성원들은 자본가와 기업이에요. 충분한 경제력이 있고 그만큼 사회적 영향력도 커요. 이야기 속에선 보수 팀의 선수들 모두 크고 멋진 외모로 표현되었어요. 반면, 진보를 이루는 구성원들은 대부분 노동자와 서민이지요. 사회를 이루는 대다수지만 경제적 측면에서 약자다 보니 쉽게 피해를 보지요. 이야기에서는 그 모습을 왜소하고 작은 몸의 선수로 표현했어요. 또한 각자가 옹호하는 구체적인 이념이나 체계는 다 다르기에 진보 팀 선수들은 잘 뭉쳐지지 않고 자주 다투는 모습을 보였던 거예요.

○ 경기에는 관심 없는 관중

관중들은 진보 팀 선수들과 외모가 닮았어요. 이 사회를 이루는 우리들 대부분이 노동자고 서민이기 때문이지요. 하지만 꽤 많은 사람들이 보수 선수들을 응원하고 있어요. 실제로도 많은 서민들이 자신의 이익을 대변하는 정당이 아닌, 자본가와 기업의 이익을 대변하는 보수 정당을 지지합니다. 아마 이 경기를 관람하는 관중들처럼 정치의 본질을 이해하지 못한 채, 다른 부수적인 기준으로 선택했기 때문일 거예요. 실제 대중들 역시 언론에서 이슈가 된 내용만 가지고 우르르 흥분하기도 하고, 나의 삶과는 거리가 먼 화려한 부자들을 동경하며 그들을 응원하기도 해요.

○ 골을 먹은 후 사과하는 골키퍼

보수나 진보의 대결의 승패는 선거로 나타납니다. 선거에서 진 정당은 국민들에게 새로운 모습을 보여 주기 위해 노력하는데, 그중 하나가 정당의 이름을 바꾸는 거예요. 특히 우리나라의 정당의 이름은 수명이 짧은 편이지요. 이름을 바꾼다는 것은 기존과는 질적으로 다른 가치를 보여주겠다는 뜻이에요. 하지만 실제로는 그렇지 못한 경우가 훨씬 많다는 게 문제랍니다.

보수와 진보의 선택

이 시대를 살아가는 성인들은 자신의 상황과 입장에 따라 정치 성향을 결정할 수 있다. 개인이 선택할 수 있는 정치 성향은 논리적으로 다음과 같이 나눌 수 있다.

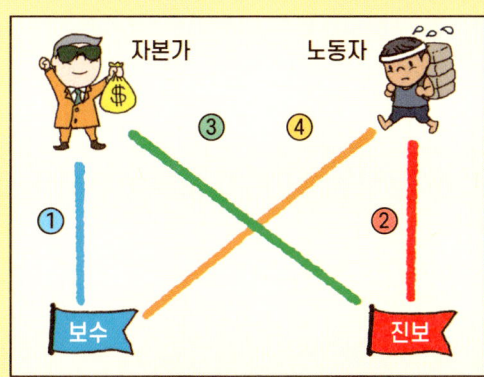

① 내가 자본가이고, 보수를 선택하는 경우

② 내가 노동자이고, 진보를 선택하는 경우

③ 내가 자본가이고, 진보를 선택하는 경우

④ 내가 노동자이고, 보수를 선택하는 경우

①이나 ②를 선택한 경우부터 살펴보자. 이들의 판단은 합리적이라고 볼 수 있다. 내가 만약 자본가라면 나의 세금 부담을 줄여 주고 재산을 보호할 수 있는 보수를 선택하는 것이 타당하다. 또 내가 노동자라면 복지를 통해 나를 보호해 주고 빈부격차를 줄여 주는 진보를 선택하는 것이 자연스럽다.

그런데 ③이나 ④와 같은 선택을 하는 사람들도 있다. ③처럼 자본가면서 진보를 선택한 사람은 내 이익을 대변하는 것이 보수라는 것을 알면서도 사회적 평등을 더 중요하게 생각했을 것이다. 즉, 내가 세금을 더 부담하더라도 사회적 약자를 돕는 것을 선택했다. 이들은 경제뿐 아니라 윤리의 측면도 고려했을 것이다.

그런데 내가 노동자인데 보수를 선택한 ④의 경우는 합리적이거나 윤리적으로 보이지 않는다. 생산수단이 없고 상대적으로 가난한 사람이 오히려 자본가의 이익을 대변하고 있으니 조금은 어리석은 판단처럼 보인다. 경제와 정치에 대한 이해가 부족했거나 누가 나의 이익을 대변해 주는지 잘 모르는 것일 수도 있다. 이야기 속에서 축구를 구경하는 관중들이 노동자 계급이면서도 보수 선수들을 응원한 것처럼 말이다.

Break Time
내가 정치인이 된다면?

두근두근, 예비 정치인이 되어 선거에 출마했어! 많은 사람들 앞에서 공약을 발표해야 하는데, 어떤 이야기를 하면 좋을까? 여러 항목들 중에서 중요하다고 생각하는 내용을 골라 표시하고 나만의 공약을 만들어 보자.

일자리 확대
일자리를 많이 만들어서 실업 문제를 해결하겠습니다.

국방 안보
강한 나라를 만들어서 전쟁의 위험이 없도록 하겠습니다.

시장 경제 활성화
고용을 유연하게 하여, 창업하기 좋은 환경에서 경제를 발전시키겠습니다.

보육과 교육
부모들이 안심하고 일할 수 있도록 돌봄과 교육 환경을 만들겠습니다.

작은 정부
너무 많은 규제와 정부의 역할을 줄이고 효율적으로 운영하도록 하겠습니다.

양극화 해소
세금을 통해 부자와 가난한 사람 사이의 격차를 줄이고 기본 소득제로 서민들의 삶의 질을 상승시키겠습니다.

정의로운 사회
부패한 권력 기관이나 재벌의 비리 등 잘못된 것을 바로잡겠습니다.

안전한 사회
범죄 걱정 없는 세상에서 살 수 있도록 치안을 바로잡고 범죄자를 강력 처벌 하겠습니다.

에너지 문제
기후 문제, 에너지 고갈 문제를 해결하기 위해 탄소 발생량을 줄이고 신재생 에너지에 투자하겠습니다.

깨끗한 나라
미세먼지, 화학물질 걱정 없는 환경에서 살 수 있게 공기와 물의 질을 철저히 관리하겠습니다.

차별 없는 세상
여성, 장애인, 청년 등 사회의 소수자들이 차별받지 않도록 보호하겠습니다.

과학 기술 발전
과학 기술에 투자하여 미래에 앞서가는 나라를 만들고 과학 분야 교육에 힘쓰겠습니다.

- 이 외에도 추가하고 싶은 공약이 있나요?

오메가 시장의 탄생

　몇 차례 계절이 흘렀다. 온 나라가 선거 분위기로 시끌시끌했다. TV에서도, 거리에서도, 인터넷에서도 각 후보들의 공약과 선거운동에 대한 이야기들이 가득했다. 도시를 이끌어 갈 일꾼을 뽑는 자리, 오메가 역시 도시의 시장 선거에 출마했다. 채에게 미리 이야기한 대로 오메가는 이 나라의 최고의 보수 정당에 들어간 것이다.

채는 오메가가 너무 빠르게 학습하는 것이 조금 두려울 정도였다. 오메가는 민주주의의 특성에 대해 본능적으로 알고 있는 게 아니었을까?

민주주의란 무엇인가? 민주주의는 다수에 의해 의사가 결정되는 정치 방식이다. 그러나 현대의 민주주의는 소수의 정치 전문가 집단이 시민의 의견을 대신하여 일을 결정하는 형태로 운영되고 있다.

사람들은 결국 좋은 정치인 한 명을 뽑는 게 아니라 자신의 이익을 대변해 줄 정당을 찾는 것이다.

오메가의 정치 입문 시기는 나름 적절했다. 보수 정당의 쟁쟁한 시장 후보들이 하나같이 윤리적인 문제에 휘말려서 출마가 어려운 상황이었던 것이다. 오메가는 토론 방송과 청문회를 통해 조금씩 얼굴을 알리고, 예능에도 언뜻언뜻 얼굴을 비추었다. 그리고 그해 시장 선거에 당당하게 출마했다.

안 그래도 기존 정치인들의 도덕적인 문제와 능력 부족으로 골머리를 앓고 있던 보수 정당이었다. 떠나가는 민심을 어떻게 잡아야 할지 고민하던 중 젊고 신선한 얼굴이 찾아온 것이다.

정보가 노출되지 않은 것은 오히려 장점이었다. 정치인들은 사람들이 원하는 이미지를 오메가에게 그려 넣기 시작했다.

알파의 도움 덕분일까. 시간이 지날수록 오메가는 제법 인기 있는 정치인으로 사람들 머릿속에 각인되었다. 사실 알파가 많은 것을 하지는 않았다. 신선한 정치인을 바라는 대중들의 욕망이 오메가에게 환상을 입히고, 빠르게 세력을 키워 준 것이다. 게다가 오메가의 장점은 학습력이었다. 빨리 배우고, 빨리 성장하는 오메가는 더 이상 초보가 아니었다. 몇 달 사이, 이제 그도 다른 정치인들이 하던 모습을 흉내 내기 시작했다.

오메가 선거캠프는 가난한 지역을 방문할 때마다 검소한 옷차림으로 나섰다.

더러운 시장 바닥도 개의치 않고 큰절을 올리는 오메가, 낡은 신발로 빈민촌 구석구석을 헤매며 사람들의 손을 잡아 주는 오메가. 언론은 그의 모습을 따라다녔고, 사진을 찍어 감성적인 글귀와 함께 포스터를 만들었다.
　오메가는 저소득 지역의 사람들을 찾아가 연설했다.
　"여러분, 우리는 잘 살 수 있습니다. 다시 예전처럼 우뚝 일어설 수 있습니다. 지금도 호시탐탐 우리의 밥그릇을 노리는 세력들이 존재합니다. 제가 그들을 물리치고 과거의 영광을 다시 안겨 드리겠습니다."

오메가는 부유층이 관심을 갖고 있는 이슈에 대해서도 잘 알고 있었다. 그들은 경제적인 안정을 중요하게 생각했고, 교육에 투자하려는 욕망이 컸다.
　"여러분, 누가 여러분의 이익을 대변해 줄 것이라고 생각하십니까? 좌파입니까? 중도주의자들입니까? 여러분의 재산과 소망하는 가치를 지켜 줄 유일한 인물은 바로 저, 오메가입니다. 저, 오메가가 우리를 옥죄고 있던 거추장스러운 모든 규제를 풀어 버릴 것을 약속합니다!"
　오메가는 그들이 원하는 것을 해낼 수 있다고 외쳤다.

채는 멀리서 오메가가 연설하는 모습을 지켜보곤 했다. 판단력이 부족한 대중들은 오메가의 달콤한 말에 쉽게 휘둘렸다. 그들은 다수의 판단에 자신의 판단을 맡기는 이들이었다.

이런 사회에 나타난 오메가는 확신과 신념을 가지고 대중이 무엇을 해야 하는지 알려 주었다.

오메가는 자신 있었다. 그럴싸한 명분을 가지고 설명만 잘한다면 이들은 계속해서 자신을 지지할 테니까.

한국 사회 사람들 대부분은 교육열이 높고, 경쟁에 익숙하고, 부를 축적하려는 욕망이 크다. 이런 사람들이 다수를 차지하다 보니까 오메가는 이들에게 호소할 만한 공약을 내걸었다. 세금을 내리고, 더 치열한 경쟁을 통해 경제를 성장시켜, 모두가 부자가 되는 세상을 만들겠다고 약속한 것이다. 이들 역시 오메가를 열광적으로 지지했다.

또한 경제적 이익만 최우선으로 삼는 사람들이 다수인 사회는 민주주의 선거를 통한다 하더라도 물질적 가치만을 쫓는 독재자를 만들어 낼 수도 있다.

가짜 뉴스는 빠르게 퍼졌고, 오메가의 지지율은 조금씩 회복되었다. 나이 든 사람들은 오메가의 혈통을 중요하게 생각했다. 뼈대 있는 가문의 자손이고, 왕족이었으며 대대로 나라를 다스렸다는 정보는 오메가에게 무기가 되어 주었다.

오메가의 지지율은 다시 상승했다. 그때 은밀하게 전화 한 통이 걸려왔다. 도시에서 영향력이 있는 기업의 임원이었다.

마침내 선거 당일이 되었다. 아침부터 투표하려는 사람들로 온 도시가 북적거렸다. 새 정치인에 대한 묘한 기대감 때문인지 투표율은 예년보다 높았다. 채 역시 일찍 선거를 마치고, 카페로 돌아와 선거 방송을 틀었다.

마치 스포츠 중계처럼 스릴 넘치는 개표 방송이 진행되었다. 오메가는 시작부터 상대 후보를 제치고 빠르게 앞서고 있었다.

맨 처음 새로운 지식카페의 문을 연 날, 채를 찾아왔던 소박하고 정직했던 오메가. 이제는 더 이상 그런 모습은 찾아볼 수 없었다. 오메가는 완전히 다른 사람이 되어 있었다. 그는 이제 어려운 선거를 이긴 프로 정치인이며, 이 도시의 시장이다.

선거 방송을 지켜보던 채는 허탈한 마음을 지울 수가 없었다. 채는 그에게 정치가 무엇인지 알려 준 장본인이었다. 무엇이 진보이고, 무엇이 보수인지 묻는 물음에 성실하게 답을 해 주었지만 정작 민주주의에 대해서는 깊게 대화를 나누지 못했다. 시민 스스로가 자신의 미래를 선택할 수 있는 가장 이상적인 체제, 민주주의. 그러나 의사결정을 해야 하는 장본인인 시민들의 준비와 역량이 부족할 때 민주주의는 함정에 빠진다. 소크라테스도 이를 '중우정치'라고 말하지 않았던가. 다수의 어리석은 민중에 의해 실패할 수 있다는 뜻이다. 소중한 동시에, 한계 또한 분명한 정치체제. 그것이 우리가 지켜 온 민주주의였다.

　채는 불쑥 찾아온 알파가 더없이 반가웠다. 채는 지식이 사회를 더 좋게 변화시킬 거라고 언제나 믿어왔다. 어설픈 지식을 이용하면 오히려 악영향을 끼칠 수 있다는 것도 알았다. 그런 그가 오메가의 손에 권력이라는 무기를 쥐어 준 것은 아닐까. 하지만 착찹한 마음을 굳이 설명할 필요도 없었다. 알파는 이미 다 알고 있을 테니까. 오랜 친구와 따뜻한 차 한잔 나누는 것만으로도 위안이 될 것 같았다.

한편, 뉴스 화면 속 오메가는 완전히 들떠 있었다. 시장 당선이 확실해지자 오메가는 환호하는 군중들 사이로 나아갔다. 오메가가 높은 단상에 오르자 만세 소리가 더욱 커졌고, 오메가는 손을 높이 들어 환호에 응답했다. 그 모습은 마치 고대 시대, 군중들 앞에 나선 오메가 왕자를 떠오르게 했다. 그때와 마찬가지로 스스로 신이라도 된 듯 자신감이 넘치는 얼굴이었다.

민주주의는 어떻게 독재를 탄생시키는가

○ 민주주의와 독재, 엘리트주의

민주주의의 반대말은 무엇일까요? 흔히들 공산주의라고 대답하지만 공산주의는 경제체제에 해당하는 말이지요. 민중이 주인인 정치체제인 민주주의의 반대말은 '독재'와 '엘리트주의'예요.

| 정치 | 민주주의 ⟷ 엘리트주의 (독재주의) |
| 경제 | 자본주의 ⟷ 공산주의 |

민주주의 사회에서는 시민이 주인이지만, 모든 시민이 정치에 직접 참여할 수는 없어요. 지금 대부분의 세계에서 사용하는 방법은 정치 전문가 집단이 시민의 의견을 대리하여 결정하는 것이지요. 내가 살아갈 미래를 스스로 선택하는 민주주의는 이론적으로 꽤 이상적인 체제랍니다. 그런데 정말 아무런 문제가 없을까요?

○ 다수의 독재

교육열과 경제력이 높은 사람들로 구성된 사회가 있어요. 그들은 사회 전체의 이익은 크게 고려하지 않아요. 저소득자나 소외 계층을 생각하기보다는 자신의 부를 지키고 세습하는 것에 관심이 있지요. 이 사회의 사람들은 자신을 부자로 만들어 줄 수 있는 정치인만 지지합니다. 경쟁에서 소외된 소수의 의견은 받아들여지지 않아요. 이것이 바로 민주주의의 한계인 '다수의 독재'지요. 이상적인 민주주의가 가능하려면 다양한 의견 수렴, 공정한 절차, 그리고 소수의 의견에 귀를 기울이는 태도 또한 준비되어야 해요.

○ 선거를 통해 선출된 독재자

스스로 판단하는 것보다는 힘과 영향력 있는 누군가의 판단에 기대어 살고 싶어 하는 사람들이 사는 사회가 있어요. 이 사회에 소수의 달변가들이 나타나 자신이 원하는 생각을 여러 사람에게 주입시켜요. 대중은 그를 지지하고, 그는 권력을 남용하기 시작하지요. 그렇게 민주적인 방식으로 독재자를 만들 수 있어요.

경제체제와 정치체제의 만남

우리가 알고 있는 두 가지의 경제체제와 두 가지의 정치체제는 서로 연결되며 이를 통해 네 가지의 조합이 생긴다.

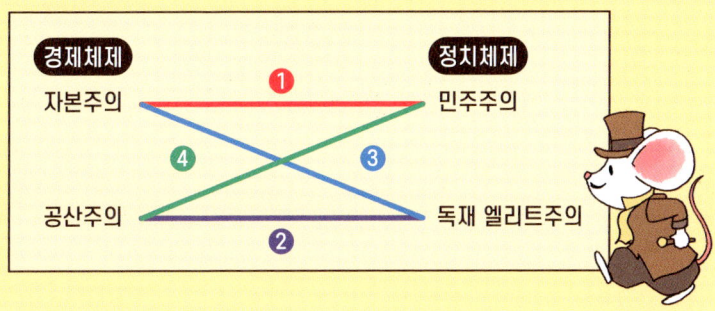

① **자본주의+민주주의** 흔히 자유민주주의라고 부르며 우리나라와 일본, 미국 등이 선택한 정치경제체제이다. 여기서 말하는 자유는 인간의 자유가 아니라 '시장의 자유'를 의미한다. 그러므로 이는 시장 경제를 추구하면서 민주주의 방식으로 의사 결정을 처리하는 체제라고 볼 수 있다.

② **공산주의+독재 엘리트주의** 이 체제를 생각하면 가까이에 있는 북한이 떠오를 것이다. 공산주의는 실제로 민주적 절차를 인정하지 않는다. 하지만 공산주의가 말하는 독재는 '노동자에 의한 독재'다. 북한의 정치는 노동자를 위한 것이 아니고 한 가문이 군대와 모든 영역을 통제하는 비정상적인 파시즘 형태이니, 공산주의라고 칭하는 것도 어려운 상황이다. 그럼에도 느슨하게 분류하자면 소련, 북한, 중국 등이 이 체제에 속힌다고 볼 수 있다.

③ **자본주의+ 독재 엘리트주의** 경제체제는 자본주의를 추구하지만 정치체제는 독재 형태를 띠는 사회로 우리 사회와 밀접하게 관련되어 있다. 한국의 60~80년대 군부독재 시기가 바로 이러한 체제였기 때문이다. 이 체제를 흔히 '계획 경제 사회'라고 부른다.

④ **공산주의+민주주의** 사민주의라고 부른다. 우리는 역사적으로 경험한 적이 없어 낯선 체제이지만 유럽에서는 중요한 사회체제로 인정받고 있다. 사민주의는 공산주의 이념과는 조금 다르다. 자본가를 인정하며 그들의 정치 참여도 인정하기 때문이다. 또한 여러 정당이 자유롭게 경쟁하며 세금을 통해 사회의 균형을 유지한다. 스웨덴, 덴마크, 핀란드, 노르웨이 등의 국가가 이에 속한다.

Break Time
가로세로 낱말풀이

즐겁게 정치 공부를 함께 해 온 친구들, 모두 수고했어! 알쏭달쏭 어려웠던 개념을 가로세로 낱말풀이를 하며 정리해 보자.

가로

① 나라와 나라 사이에 수출, 수입 시에 부과되는 세금.
② 신자유주의를 옹호하지 않는 입장. 좌파라고도 한다.
③ 이익을 얻기 위해 사업에 자본이나 시간을 대는 것.
④ 대기업에 비해 규모가 상대적으로 작은 기업.
⑤ 약속한 기간이 지나도 빌린 돈을 지불하지 못하는 상황. 90년대 한국은 국가 ○○ 위기를 겪었다.
⑥ 사회 구성원의 소득 격차가 양극단으로 점점 더 벌어지는 일.
⑦ 기업이 사업이나 조직 구조를 개선하는 일. IMF 당시 이로 인한 정리해고로 많은 실업자들이 생겼다.

세로

㉠ 길이나 공원에서 자는 사람. IMF 외환위기 당시 직장을 잃은 이들이 이것으로 전락했다.
㉡ 운동 경기 따위를 구경하기 위해 모인 사람들.
㉢ 기존 질서를 지키려는 입장. 신자유주의를 옹호하고 시장의 자유를 추구한다.
㉣ 민주주의 사회에서 선거를 할 때 의사를 표시하는 일, 혹은 그런 표.
㉤ 보수나 진보, 어느 한쪽으로 치우치지 않은 중간 입장.
㉥ 재산에 관계없이 모든 사회 구성원에게 똑같이 소득을 지급하는 제도.
㉦ 극단적으로 보수주의적인 성향이나 사람.
㉧ 국가가 운영하던 생산수단을 민간에게 맡기는 것.
㉨ 관세를 줄이거나 없애 무역을 자유롭게 하는 협정. FTA.

나와 함께
공부하지 않을래?

시장으로 당선된 오메가는 꿈꿔 왔던 일을 하나씩 이루기 시작했다. 힘과 권력을 가지고 사람들 위에 올라서는 것이었다. 오메가는 출근 전부터 집무실의 가구부터 바꿨다. 권세와 위엄을 느낄 수 있는 화려하고 비싼 물건들이었다.

한편, 오메가의 가문에서는 하루가 멀다하고 파티를 열었다. 오메가는 사람들이 모여 있는 장소에서 연설하기를 즐겼고, 그의 말투와 몸짓은 모두의 시선을 끌기에 충분했다.

그러나 막상 출근을 하자 상황은 달라졌다. 선거와 실무는 다른 문제였기 때문이다. 시장이 해야 할 일은 생각보다 많았다. 특히 매번 중요한 결정을 내려야 했는데 오메가에겐 참 어려운 일이었으니 회의 때마다 머리에 쥐가 날 노릇이었다.

　아무도 없는 시장실에 들어온 오메가는 쾅 소리나게 문을 닫고 거칠게 숨을 몰아쉬었다.

　"하아, 하아……."

　가슴이 답답하고 머리가 지끈거려 숨 쉬는 게 불편할 정도였다. 꿈꾸던 권력의 자리에 올랐으나 책임을 지는 것은 아직도 부담스러운 오메가였다. 이런 상황을 예상했다면 시장 자리를 탐내지 않았을지도 모른다. 그는 손수건으로 식은땀을 닦으며 호흡을 가다듬었다. 그때 찍 소리와 함께 하얗고 작은 물체가 순식간에 오메가의 앞을 스쳐지나갔다. 큰 귀에 긴 꼬리. 분명히 쥐였다. 여기가 어디라고 더러운 쥐가 들어왔다는 말인가?

　"으악, 쥐다! 당장 잡아! 당장!"

그때 덜컹 덜컹 소리와 함께 낡은 나무 창문이 열렸다. 오메가는 머리털이 바짝 솟는 것 같았다. 창문으로 불쑥 올라온 것은 검푸른 머리카락이었다. 오메가는 창밖의 사내가 누구인지 알아볼 수 있었다. 얼마 전 공원에서 만난 이상한 남자, 어깨에 흰 쥐를 올리고 돌아다니며, 채의 지식카페 약도를 직접 전해 준 그 사람이었다.

"아우, 미안. 겁 주려던 건 아니었는데."

알파는 방 안으로 들어오며 다정하게 물었다.

"이봐, 자네. 공부를 좀 더 해야 할 것 같은데……."

최종 정리

여러분 안녕하세요. 채사장입니다. 정치 편 이야기 재미있게 보셨나요?
우리가 배웠던 내용을 다시 떠올리며 정리해 볼까요?

보수나 진보는 세계를 이해하는 눈이에요. 세계에 대한 관점의 차이는 여러 가지 사회 문제에 대한 평가를 다르게 내리기도 한답니다.

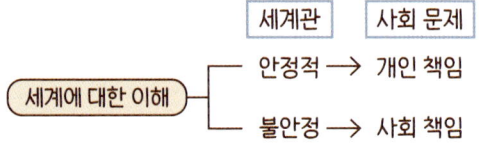

여기서 말하는 '세계'는 '신자유주의'의 세계라고 볼 수 있어요. 정치는 간단하게 말해서, 우리 사회의 경제체제를 무엇으로 정할 것인가에 대한 물음이에요. 우리 사회의 자본가와 기업의 이익을 대변해 주는 정치적 입장을 '보수', 그리고 우리 사회의 구성 주체인 노동자와 서민의 이익을 대변해 주는 정치적 입장을 '진보'라고 해요.

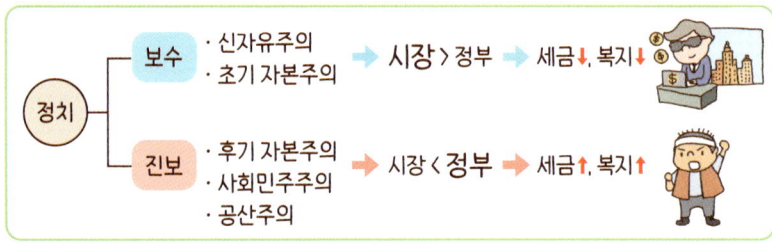

민주주의는 평등한 개인들이 자신의 이익을 대변해 주는 정당과 경제체제를 선택하는 정치 형태예요. 하지만 민주주의에도 문제가 발생할 수 있어요. 바로 독재가 발생할 수 있다는 거예요.

생각하고 토론하기

현재 우리는 자본주의와 민주주의가 결합된 세계에 살고 있어요. 소중한 민주주의를 지키기 위해 많은 사람들이 희생하기도 했지만, 그 어떤 경제정치체제도 완벽하거나 이상적일 수는 없어요. 우리의 체제가 가진 한계와 문제점은 무엇인지 토론해 봅시다.

① 채의 숙제를 하기 위해 신문과 TV를 본 오메가는 미디어가 100퍼센트 진실을 말하지 않는다는 사실을 알아챘어요. 여러분은 오메가의 판단이 맞다고 생각하나요? 오메가는 왜 그렇게 생각했을까요?

> 객관적인 사실을 전달하려고 해도 편집과 해석이 들어갈 수밖에 없어.

> 기업으로부터 광고를 받는 미디어가 기업에 반대되는 목소리를 낼 수 있을까?

② 오메가가 경험한 가상 체험 속 축구시합에서는 다양한 모습의 관중들이 등장해요. 축구에는 별 관심이 없으면서 옆 사람을 의심하고, 자신의 자리를 지키는 것에만 신경을 쓰지요. 선수들이 죽어가도 신경 쓰지 않아요. 이런 관중들의 모습은 무엇을 표현하는 것일까요?

> 정치의 본질을 모르고 욕만 하는 우리 시대의 대중들 같아.

> 나에게 이익이 되는 경제체제를 선택하는 게 정치의 본질인데 말이야.

③ 진보와 보수에 대해 공부한 오메가는 결국 보수 정당에 들어가기로 선택했어요. 자신의 가치관과 맞기 때문이 아니라 그쪽이 더 선거에 유리하다고 생각했기 때문이에요. 오메가는 왜 그렇게 생각했을까요? 오메가의 판단처럼 우리 사회는 정말 전반적으로 보수의 성향을 띠고 있을까요?

> 한국 사회는 역사적인 경험과 미디어의 영향 때문에 보수화되는 것 같아.

> 대중들이 자기에게 맞는 경제체제를 합리적으로 선택한다면 어떻게 될까?

8권에서는 다양하고 재미있는 사회실험을 해볼 거예요. 개인과 집단이 충돌할 때 무엇을 선택해야 할까요? 8권을 읽으며 함께 고민해 봐요!

정답

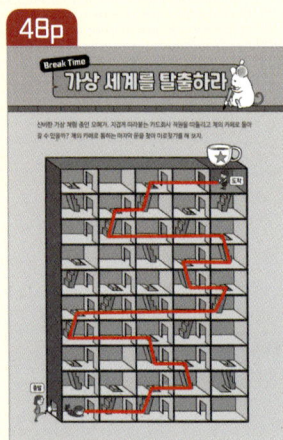

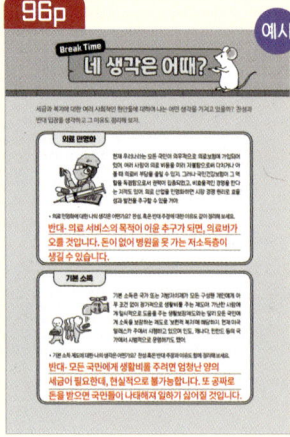

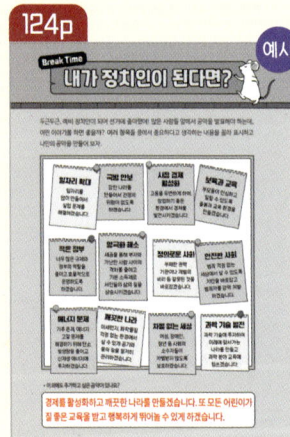

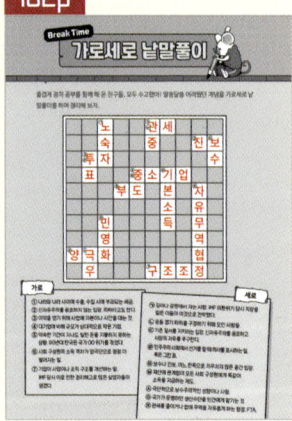

다음 권에서는 '사회' 공부를 통해 개인과 집단에 대해 알아볼게요.

무상급식은 필요할까?

모든 아이들이 좋은 서비스를 받을 수 있지만 예산이 부족해지거나 세금 부담이 커지는 단점도 있어.

공공기관은 민영화되어야 할까?

공공기관을 사기업이 운영하면 효율성은 높아지지만 기관이 가진 공공성이 사라질 수 있어.

FTA는 시행되어야 할까?

규제를 완화하여 자유롭게 경쟁하는 것이 좋을까? 우리나라의 산업을 보호하는 것이 좋을까?

교회 헌금에도 세금이 부과되어야 할까?

대한민국 국민이 지켜야 할 납세의 의무. 영리를 목적으로 하지 않는 교회에도 세금을 걷어야 할까?

부동산 관련 세금을 늘려야 할까?

부동산은 안정적이고 가치가 높은 투자 수단이야. 양극화가 심해지는 걸 막기 위해 높은 세금으로 거래를 규제하고 있어.

원자력 발전소를 늘려야 할까?

다른 에너지원보다 깨끗하고 경제적인 원자력 발전! 하지만 한 번 사고가 나면 자 엄청난 재앙이 될 수도 있어

기본소득제를 도입해야 할까?

모든 국민이 혜택을 받는 보편적 복지! 하지만 실현 가능성이 있을까?

대형마트 의무 휴업제는 유지되어야 할까?

정해진 날에 대형마트를 의무적으로 쉬게 하여 전통시장과 골목상권을 보호해야 할까?

최저 임금을 인상해야 할까?

최저 임금을 올리면 노동자들의 생활이 윤택해질 거야. 하지만 인건비에 부담을 느낀 기업이 고용을 줄이면 어쩌지?

함께 토론하며 생각해 보아요

○ 교회 헌금에도 세금이 부과되어야 할까?

교회는 영리를 목적으로 운영되는 기업이 아니기 때문에 신자들의 헌금으로 벌어들인 수익에 대한 세금은 내지 않고 있어요. 하지만 납세는 대한민국 국민의 의무이므로, 성직자 또한 벌어들인 돈의 일부를 세금으로 납부해야 한다는 주장이 있어요. 반대 측에서는 종교 활동은 일이 아니라 봉사이기 때문에 세금 부과 대상이 아니라고 주장하지요. 이러한 논란 가운데 자발적으로 소득을 신고하고 세금을 내는 성직자들도 있다고 해요.

○ 최저임금을 인상해야 할까?

최저임금은 노동자가 일을 한 대가로 일정한 수준 이상의 돈을 받을 수 있도록 강제적으로 지정한 제도예요. 노동자가 안정된 생활을 유지할 수 있게 도와주지요. 최저임금 인상을 찬성하는 측은 가난한 계층의 소득이 향상되면 경제가 활성화되고 사회가 안정된다고 주장해요. 하지만 기업이나 사업가는 임금의 부담이 커지기 때문에 오히려 고용을 줄일 것이며 그로 인해 경제가 침체될 것이라며 반대하는 입장도 있어요.

○ 대형마트 의무 휴업제는 유지되어야 할까?

대형마트 의무 휴업제는 대형마트와 기업형 슈퍼마켓 등이 의무적으로 매달 이틀을 쉬도록 한 제도예요. 대기업과의 경쟁에서 도태된 전통시장이나 골목상권을 보호하고, 대형마트에서 일하는 노동자들에게도 휴식의 시간을 보장하기 위해 만들어졌어요. 하지만 이 제도를 반대하는 사람들은 소비자들의 자유롭게 선택할 수 있는 권리를 침해한다고 주장해요. 또한 대형마트가 쉰다고 해서 전통시장을 이용하지 않는다는 근거를 내세우기도 하지요.

○ 기본소득제를 도입해야 할까?

기본소득제란 재산이나 소득이 많고 적음, 노동의 여부와는 상관없이 국가가 국민 모두에게 일정한 돈을 지급하는 정책이에요. 세계적으로 논쟁이 되고 있는 보편적 복지의 대표적인 형태지요. 제도가 양극화 현상을 해소하고 빈곤층에게 최소한의 생활을 보장할 수 있다고 찬성하는 입장도 있지만 현재로서는 실현 가능성이 희박하며 국민들의 근로 욕구를 감소시킨다는 이유로 반대하는 입장도 있어요.

함께 토론하며 생각해 보아요

○ FTA는 시행되어야 할까?

FTA는 자유무역협정으로 나라와 나라 사이에 상품과 서비스를 자유롭게 거래할 수 있게 하는 국가 간 조약이에요. 관세를 낮추거나 없앨 뿐 아니라 여러 규제도 완화시켜서 보이지 않는 무역 장벽을 허무는 제도이지요. FTA를 시행하면 경쟁력 있는 품목은 수출해서 이익을 얻을 수 있지만 경쟁력이 떨어지는 품목의 산업과 노동자는 손해를 본다는 단점이 있어요.

○ 공공기관은 민영화되어야 할까?

정부나 지방단체 등 공공기관의 일부나 전체를 일반 사기업이 운영하게 하거나, 민간 자본을 끌어와 경영하는 것을 말해요. 민영화가 성공적으로 진행되면 공공기업의 부실한 경영으로 생기는 여러 경제적 문제를 해결할 수 있어요. 유능한 전문 경영진의 판단으로 경쟁력을 높이고 나라의 이익을 추구할 수 있지요. 그러나 기관이 가진 공공성이 사라지고 사회적 책임감이 떨어진다는 문제점도 있어요. 의료, 전기, 수도, 가스, 철도 등 국민 생활에 꼭 필요한 산업이 민영화되면 요금이 오르는 걸 막기 어려울 거예요.

○ 무상급식은 필요할까?

무상급식은 모든 학생들이 혜택을 받을 수 있도록 세금을 학교 급식에 사용하는 보편적 복지에 해당해요. 저소득층이나 고소득층을 가리지 않고 모든 아이들이 혜택을 받아 건강하게 성장할 수 있게 도와주지요. 하지만 무상급식을 전면 시행할 경우 교육 예산이 부족해져 학교의 환경과 교육 시설에 대한 투자가 잘 되지 않을 거라는 우려도 있어요. 반대하는 사람들은 제한적인 무상급식이 필요하다고 주장하기도 해요.

○ 원자력 발전소를 늘려야 할까?

원자력 발전은 온실효과의 주범인 이산화탄소의 배출이 거의 없어요. 다른 에너지원보다 발전 비용이 저렴한 깨끗하고 경제적인 에너지예요. 하지만 건설하는 데 돈이 많이 들어 초기 비용은 비싸지요. 게다가 드물지만 실제로 원자력 발전소에 사고가 나는 경우도 있는데, 이때 대량의 방사능이 유출되며 자연과 인간 모두에게 엄청난 재앙이 되기도 해요.

○ 부동산 관련 세금을 늘려야 할까?

부동산은 건물이나 땅처럼 움직이지 않는 재산이에요. 부동산은 안정적이고 가치가 높은 자산으로 많은 사람들이 투자의 수단으로 삼기도 해요. 부동산을 사고팔 때나 상속받을 때 취득세, 양도세, 종부세 등 국가에 세금을 많이 납부해야 하지요. 정부는 세금 외에도 은행에서 돈을 빌리는 양을 제한하거나 특정 지역에 투자를 금지시키는 등 다양한 규제 정책으로 부동산 가격을 안정시키고자 해요.